W0405616

LA BOUCHE DES CARPES

AMÉLIE NOTHOMB

LA BOUCHE DES CARPES

Entretiens avec
MICHEL ROBERT

Préface de
Jacques De Decker

l'Archipel

Notre catalogue est consultable à l'adresse suivante :
www.editionsarchipel.com

Éditions de l'Archipel
34, rue des Bourdonnais
75001 Paris.

ISBN 978-2-8098-2493-3

Copyright © L'Archipel, 2018.

À Pascal de Duve

Préface

L'art de l'entretien littéraire est l'un des plus galvaudés de nos jours. Il souffre d'inflation, d'infatuation et d'imposture. L'inflation vient de sa surabondance : on interviewe les écrivains plus qu'on ne les commente ou ne les analyse. Cette situation est contradictoire à plus d'un titre. Car si quelqu'un prend la plume, c'est le plus souvent parce qu'il préfère se taire et qu'il tient à préciser sa pensée, qu'elle soit conceptuelle ou narrative, par le biais de l'écrit. Or, aujourd'hui, on force l'écrivain à sortir de son mutisme créatif, au profit d'un bavardage le plus souvent stérile, d'où l'abondance déferlante de « propos recueillis », qui sont à la littérature ce que la pêche à la ligne est à la chasse à la baleine.

Par ailleurs, l'interview cherche souvent à mettre l'interrogateur en valeur au détriment de l'interrogé : d'où une sorte de concurrence qui avantage l'intervieweur, puisque c'est lui qui mène le jeu. Le tout débouche sur une redoutable imposture : une surévaluation du questionneur, une dévaluation du questionné, que l'on attire dans des zones qui ne lui sont souvent pas familières et dont il n'a d'ailleurs cure, la politique par exemple.

Il en va tout autrement ici, les propos échangés dans ce livre échappant à ces dérives et le maître d'œuvre, Michel Robert, étant l'exception à la règle, pour trois raisons au moins.

D'abord, il n'est pas un maniaque de l'exercice. Il ne s'y est livré qu'avec des interlocuteurs soigneusement sélectionnés, à commencer par Maurice Béjart. Et ici, en l'occurrence, Amélie Nothomb.

Elle est, c'est notoire, une pratiquante généreuse de l'entretien. Sa légendaire courtoisie, son goût du contact avec l'immense public qui est le sien l'ont aguerrie à l'épreuve du questionnaire. Elle y est exercée, accoutumée et experte. L'ouvrage qui rassemblerait toutes ses rencontres avec journalistes, étudiants, investigateurs de tous bords compterait des milliers de pages. Tant qu'il ne contiendrait pas ces entretiens avec Michel Robert, il serait privé d'un véritable joyau.

En quoi ces propos-ci se distingueraient-ils de cette masse impressionnante ? Une vertu première : ce que Goethe appelait dans sa langue la Wahlverwandtschaft, *mot qui, en français, se traduit par le syntagme « affinité élective ».*

Michel Robert est un médium, au sens magique du terme. Et Amélie Nothomb s'en est évidemment avisée. En ce sparring partner, cet entraîneur profondément fiable, elle a trouvé l'être élu devant qui elle pouvait abandonner ses parades et se livrer vraiment, sans tactique ni réserve, sachant parfaitement que rien ne serait retenu contre elle. Non qu'elle désire la moindre indulgence. Il se fait qu'elle a trouvé un vrai confesseur, parfaitement dépourvu du sens du péché.

Ce qui leur fait, par une connivence des plus rares, atteindre cet état de grâce dont le lecteur est à présent le bénéficiaire.

Une humeur plane au long de ce pas de deux – il n'est pas fortuit qu'un expert en chorégraphie en soit le partenaire –, celle que distille le plaisir, si rare dans cette vallée de larmes, de la réelle rencontre, du dialogue digne de ce nom.

Jacques DE DECKER
Secrétaire perpétuel de l'Académie royale de langue et de littérature françaises de Belgique

Avertissement

Conversation, un terme qui en dit long. Une rencontre d'humains pour parler.

La première avec Amélie se déroule dans la rue. Sous la pluie, par hasard. La seconde, dans mon salon. La troisième dans le sien. La quatrième dans un café. La cinquième dans les bois. La sixième dans… Mais est-ce important de savoir où et comment la conversation s'est déroulée ? Non, ce n'est pas important. Sachez seulement que nos conversations s'étalèrent de 1995 à 2001.

Ce qui est essentiel pour le lecteur, en revanche, c'est qu'il soit conscient que ce qui a toujours dirigé ces entrevues fut une amitié sans détour. J'admire Amélie. J'aime Amélie. Je ne le lui ai jamais dit. Je ne le lui dirai jamais. Alors, je lui pose des questions. Et elle me répond.

Nous avons beaucoup ri, presque déliré. Des conversations comme entre enfants à la cour de récréation. Nos discussions étaient parfois bien sages, sincèrement drôles, ou même un peu folles…

Prologue

8 février 1995. Il est 20 heures. Dans les rues de Bruxelles. Je me perds dans mes sombres pensées. Il fait nuit. Il pleut.

Il est 20 heures et, dans sept jours, on met sur pied une exposition de mes frasques artistiques. C'est un ami peintre qui expose ses œuvres avec les miennes. Parce que son ami photographe s'est désisté. J'ai dit non et il a insisté !

Il est 20 heures. Je n'ai plus un sou. Je n'en ai jamais eu. Pourtant je travaille, non ? Je m'en vais à un dîner d'un ami garagiste. Peut-être va-t-il me procurer une voiture à bon prix. Pour rien, quoi, puisque sans le sou. Et l'amitié, alors ?

Il est 20 heures, mon perroquet est mort depuis plus de dix jours. Juste un samedi soir, quand je me trouvais dans un hôtel, au Caire, à penser à Pascal de Duve devant un verre et en musique.

Il est 20 heures. Je devais être à travailler sur mes entretiens avec Béjart. Dans trente-six heures, je serai à Lausanne. Mes questions ne sont pas prêtes, mes lectures sur l'homme pas terminées. Le seront-elles un jour ?

Il est 20 heures, le monde ne va pas bien. Et le manuscrit de ma biographie de Jacques Martin, le créateur d'*Alix*, est depuis quinze jours chez les éditeurs parisiens, pas de nouvelles.

Il est 20 heures. Un pas devant l'autre, pour prouver qu'on existe.

Il est 20 heures. Je suis à un croisement, où est cette rue Tenbosch ? Et paf !

— Excusez-moi, me demande une jolie brune de bon goût accoutrée. Ne sauriez-vous pas où se trouve la rue Mignot-Delstanche ?

— Euh… Si, si, euh… Je crois que… Excusez-moi, je ne suis pas très concentré ce soir (c'est mon quartier pourtant, bien sûr), écoutez, ça doit être par là.

Elle me regarde gentiment et me dit encore :

— Ah, je ne dois pas faire mille kilomètres, tout de même.

Je lui réponds que non, que cette rue se trouve à plus ou moins un kilomètre. Alors elle me sourit et me dit bien merci. Ce visage, mais c'est…

— N'êtes-vous pas Amélie Nothomb ?

— Oui ! me répond-elle.

Alors ça !

*

Quelque temps plus tard, je lis à Amélie le récit de notre rencontre. Elle m'écoute puis rit :

— Vous écrivez votre journal comme ça tous les jours ?

— Non, jamais, c'est la première fois. C'est donc le 8 février 1995 que je vous ai rencontrée.

— Un mercredi, en effet…

*

MICHEL ROBERT : *Comment se fait-il que, suite à mon appel téléphonique, vous ayez accepté que nous nous rencontrions immédiatement ?*

AMÉLIE NOTHOMB : Je me suis fait une devise : être systématiquement non systématique ! Mais il se trouvait que là, j'avais beaucoup écrit, j'avais vu des gens profondément inintéressants, ce qui a le talent de m'énerver. Je venais de rentrer chez moi, j'étais énervée. Vous tombiez dès lors bien !

— *Et…*

— Et puis, attendez, ce n'est pas suffisant ! J'avais gardé un excellent souvenir de notre première rencontre.

— *Pour tout vous dire, moi aussi ! Parce qu'avant de faire votre connaissance, j'avais lu quelques interviews qui m'avaient laissé l'impression que vous étiez assez, disons… étrange.*

Vous avez commencé à écrire à l'âge de dix-sept ans. Avant de nous intéresser à l'écrivain Amélie Nothomb, évoquons rapidement le temps où vous ne l'étiez pas encore. Comment s'est déroulée votre éducation ?

— Je n'aurais pas voulu avoir une autre éducation que celle que j'ai reçue. Mes parents ne m'ont jamais dit : « Tu dois faire ceci et cela… » J'ai beaucoup apprécié qu'on m'ait fichu la paix. Tout en étant proche de mes parents, j'ai été très libre.

— *Avez-vous participé à des mouvements de jeunesse ?*

— Non, jamais de la vie ! Je n'ai jamais fait partie d'aucun mouvement d'aucune sorte et n'en ferai jamais partie. Je déteste les groupes. Ils m'inspirent une profonde méfiance. Si bien intentionnés soient-ils.

— *Quelles relations entretenez-vous avec votre famille à l'heure actuelle ?*

— Avec mes parents, elles sont excellentes. J'ai vraiment les parents les meilleurs de la terre. Mon frère et ma sœur aussi. C'est l'essentiel, bien sûr.

Les autres, cela ne se passe pas trop mal. Je ne peux pas dire que tous les Nothomb approuvent ce que j'écris, mais, globalement, leur accueil n'est pas trop mauvais.

— *Vos parents sont très présents dans* Métaphysique des tubes. *Vous avez affirmé lors d'une interview radiophonique que ceux-ci n'étaient pas «normaux»...*

— C'est vrai et cela se retrouve dans leur progéniture! Mes parents sont des gens merveilleux que j'adore, mais si on les compare aux parents en général, il est clair qu'ils ne sont pas normaux.

— *Votre sœur s'appelle Juliette. C'est votre sœur jumelle?*

— Non, c'est ma sœur aînée, mais c'est comme si nous étions jumelles. En tous les cas, on mériterait de l'être.

— *Vit-elle toujours à Bruxelles?*

— Oui, à cause de la cuisine.

— *Elle aurait partagé votre chambre pendant dix-huit ans...*

— Jusqu'à mes dix-sept ans, j'ai dormi dans la même chambre qu'elle, en effet.

— *Ce n'était pas gênant?*

— Pas du tout. J'imagine que ce l'eût été pour des sœurs «normales», mais vu la force des liens qui existaient entre ma sœur et moi, c'était formidable.

« Si la famille Nothomb n'aime pas mes livres... »

— *C'est également dans* Métaphysique des tubes *que vous faites découvrir à vos lecteurs la personnalité de votre frère.*

— Oui, le pauvre ! À la lecture de ce livre, il m'a dit que, mis à part quelques calomnies sur son compte, c'était un bon bouquin ! Mais je suis là pour vous certifier qu'il ne s'agissait pas de calomnies. Cela dit, il n'y a rien de très extraordinaire, finalement, à ce que, la plupart du temps, les grands frères aient pour mission d'emmerder les petites sœurs ! C'est comme ça.

— *C'est un sportif ?*

— Non, c'est un scientifique et un économiste.

— *Il m'a été rapporté que certains membres de votre famille estiment que dans vos romans plane une atmosphère pornographique...*

— De toute façon, s'ils le pensent, vous savez, cela ne me dérange pas. Je vous jure que je n'écris pas mes livres dans le but de provoquer. Mais si cela excite, cela ne me dérange pas. Franchement, si la famille Nothomb n'aime pas mes livres, je n'en souffre absolument pas. C'est leur liberté.

— *Charles-Ferdinand Nothomb est un homme politique connu en Belgique, il fut d'ailleurs président du Parti social-chrétien et ministre. Quels sont les liens que vous entretenez avec lui ?*

— Il a l'âge d'être mon oncle, mais c'est mon grand-oncle. On se voit rarement, mais on s'entend bien. Il est clair qu'il n'aime pas mes bouquins, mais il en a parfaitement le droit. Comme je vous le disais, on peut très bien ne pas aimer mes livres et bien s'entendre avec moi. Ce n'est pas un problème.

«Je sais très bien que j'ai des lacunes épouvantables... »

— *Que pensez-vous de la notion d'enseignement ?*

— C'est un problème terrible. Je suis personnellement autodidacte en grande part. Mais ce n'est du tout pour cela que je vais prôner ce genre de formation, dont j'ai moi-même beaucoup souffert.

— *Peut-on souffrir d'apprendre par soi-même ?*

— J'ai surtout souffert de ne pas... Je vous cache là aussi habilement que possible des zones entières d'analphabétisme dont mon cerveau regorge. Je sais très bien que j'ai des lacunes épouvantables à cause de ce système d'enseignement. Il y a des règles de base dont je ne sais rien !

— *Par exemple ?*

— Quand j'ai travaillé dans une entreprise japonaise, je n'étais et ne suis encore pas capable de me servir d'une machine à calculer. Ce qui, dans cette entreprise, a été pris comme un acte de rébellion, mais c'était pourtant la pure vérité. À l'école primaire, je savais faire les divisions par écrit. Aujourd'hui, je ne sais plus les faire…

— *Et en ce qui concerne le calcul mental ?*

— Oh non, je bats le beurre complètement ! Pour tout vous dire, j'ai commencé à fréquenter l'école à l'âge de onze ans. Ce qui ne signifie pas que je n'aie rien appris auparavant. Par exemple, j'ai profondément étudié le grec et le latin par moi-même au Bangladesh, en Birmanie et au Laos et j'en ai une connaissance disons… bien maîtrisée.

— *Vous êtes néanmoins diplômée de l'Université libre de Bruxelles.*

— Oui, de dix-sept à vingt et un ans, j'ai étudié dans cette université la philologie romane. Après, je suis retournée vivre au Japon pour y être interprète pendant deux ans. À vingt-trois ans, je suis revenue en Belgique et j'ai écrit *Hygiène de l'assassin.*

— *Votre titre universitaire est «agrégée en philologie romane»...*

— C'est exact. Ce titre n'a pas la même signification en Belgique et en France. Je m'amuse souvent, d'ailleurs, quand j'explique la réelle teneur de cette formation. Mon interlocuteur, s'il est français, a toujours l'impression qu'il a affaire à une espèce de normalienne, quelque chose comme cela. C'est très drôle!

1

Être écrivain

Je suis dans le salon d'écriture d'Amélie. Il y a là un vieux manteau en grosse laine, brun clair, mangé par les mites. Amélie voit mon étonnement et dit, un peu gênée :

— Ah non, surtout, ne regardez pas cela, c'est…

Je l'arrête :

— C'est donc vrai, vous écrivez avec ça sur le dos… !

D'une voix douce alors, elle me répond :

— Cela tient bien chaud, vous savez…

L'entretien terminé, alors que je me trouve dans le hall, elle me dit :

— Vous aviez cru que je vous mentais ? C'est drôle, depuis mes quatre ans et demi, tout le monde croit que je mens, alors que non…

*

MICHEL ROBERT : *Quelle est la meilleure définition d'un écrivain ?*

AMÉLIE NOTHOMB : Avant tout, je pense que je ne suis pas la meilleure personne qui puisse répondre à cette question. Un écrivain est une personne qui ne peut pas vivre sans écrire et qui possède un style. Sinon, on ne peut pas parler d'écrivain.

— *De quoi parlera-t-on alors ?*

— De toutes sortes de choses. De journalistes, de chroniqueurs, de scribouillards, de grandes gueules, d'hommes d'argent aussi. Mais le style ne renvoie pas uniquement à la notion d'esthétique. Cela passe aussi par la morale, bien sûr.

— *Le terme « vain », dans celui d'« écrivain », ne vous a jamais sensibilisée ?*

— Ce genre de jeux de mots, heureusement, ne m'affecte pas.

— *Sur le rôle de l'écrivain, vous affirmez dans* Les Combustibles *: « Les gens sont les mêmes dans la lecture que dans la vie : égoïstes, avides de plaisir et inéducables. Il n'appartient pas à l'écrivain de se lamenter sur la médiocrité de ses lecteurs mais de les prendre tels qu'ils sont. S'il s'imagine qu'il va pouvoir les changer – s'il peut encore, malgré la guerre, s'imaginer une chose pareille –, eh bien, c'est lui qui est un* *romantique imbécile, et non celui qui aime lire Blatek*[1]. *» C'est dur !*

— C'est ce que je pense ! Je suis très pessimiste. Je suis une pessimiste gaie, dans le sens où je suis un être malgré tout joyeux. Disons que je suis joyeuse par tempérament et pessimiste par conviction profonde.

— *Vous utilisez parfois des termes qui, permettez-moi, frisent une certaine vulgarité. Dans* Attentat, *par exemple, j'ai relevé les termes « eau des chiottes », ou cette expression : « ma voisine qui rotait ».*

— Personnellement, je ne trouve pas que ce soient des termes vulgaires ! Ce sont des termes usuels. Si vous voulez découvrir des termes vraiment vulgaires, il y a bien des confrères que vous devriez lire…

« Pourquoi nierais-je que je suis un être pervers ? »

— *Une autre impression, plus dérangeante, que l'on a à la lecture de vos différents écrits : vous semblez posséder une étonnante passion pour le dégueulasse. Je reprends ici deux passages qui me paraissent révélateurs de ce phénomène, parfois proche d'une certaine scatologie : « À ces*

1. *Les Combustibles*, p. 92. Voir bibliographie, p. 159.

urines de moins en moins fraîches était incorporée une belle proportion d'encre de Chine – encre doublement de Chine. Formule chimique assez simple en somme, qui donnait lieu à un élixir verdâtre aux fragrances d'ammoniac. L'Allemand était empoigné par les jambes et les bras et était immergé à fond dans la lune[1]*.»*

Et encore: «Au fond, non: le mot protubérance ne convenait pas. Sa graisse était trop lisse et blanche pour évoquer ce genre d'efflorescence. Un kyste, cette chose était un kyste. Mme Bernardin avait sans doute poussé comme un kyste dans le ventre de notre tortionnaire. Parfois, on opère des malades d'un kyste interne qui pèse le double, voire le triple de leur poids: Palamède avait épousé l'amoncellement de chair dont on l'avait libéré[2]*.»*

— J'ai très profondément en moi le culte de la beauté. Croyez-le, j'aime la beauté plus que tout. Mais ma version de ce culte transite par une certaine obsession pour le répugnant.

Je suis arrivée à la conclusion que le beau a une propriété qui ne s'exprime jamais autant que par son contraire.

— *Mais enfin, tout de même!*

— Pourquoi nierais-je que je suis un être pervers et que ces choses-là attirent? J'explique

1. *Le Sabotage amoureux*, p. 45.
2. *Les Catilinaires*, p. 91.

sincèrement cet attrait, mieux, cette espèce d'obsession pour le répugnant par le fait qu'à la base je suis attirée par l'extrême beauté.

(*Silence.*)

— Je suis désolée de vous déplaire.

— *Vous ne me déplaisez pas, je réfléchis. Parfois, les choses les plus laides deviennent pour vous les plus belles.*

— Je ne dirais pas belles, mais elles deviennent attirantes à force de laideur. Je me souviens avoir vu dans le tram une femme tellement laide que j'ai eu envie de la féliciter. Je me suis dit : celle-là, elle en a mis du sien pour en arriver là ! C'était un chef-d'œuvre. Je trouvais cela très supérieur à cette espèce de laideur médiocre que l'on voit partout dans la rue.

— *Je vous avais adressé une invitation pour le vernissage de tableaux d'une jeune artiste. J'avais en effet relevé, dans les commentaires la concernant, une phrase que l'on aurait pu très bien retrouver dans une analyse de votre personnalité : « La complaisance dans le monstrueux, la souffrance et le sinistre dénoncent une fascination pour une certaine esthétique du sublime. »*

— Ah oui, je me souviens. C'est vrai, cette phrase me conviendrait aussi.

— *J'ai néanmoins peine à comprendre qu'à travers l'horreur on puisse déceler une once de beauté…*

— C'est une forme de théologie négative. En l'occurrence, parlant de la beauté, je considère qu'elle possède des propriétés chimiques. Celle, par exemple, qu'elle ne se décèle jamais autant que dans son contraire, comme je vous l'ai dit. Il est terriblement difficile de montrer, de désigner le beau tout seul… Souvent, j'ai essayé d'en parler directement sans le biais de l'horreur, cela marche beaucoup moins bien. Surtout si, après des accumulations de contraires, à ce moment-là surgit le beau. La beauté de Léopoldine, à la fin d'*Hygiène*, est d'autant plus marquée que l'on a vu l'ignoble Prétextat se nourrir, le journaliste vomir…

— *Question de goût…*

— Question de goût sans doute aussi.

— *Vous m'avez néanmoins affirmé que le vomissement fait partie de votre autobiographie. Vous vomissez exprès…*

— Au début c'était exprès, mais très vite cela a cessé de l'être. Disons qu'avec les années j'ai trouvé des techniques pour m'empêcher ou plutôt pour retarder l'acte !

Des orgies intellectuelles

— *Mais pourquoi vomissez-vous ?*

— Tous les matins, j'ingurgite un thé horriblement fort. Cette boisson est essentielle à l'entretien de cet état d'esprit dont j'ai besoin pour écrire. Or, dès que je l'avale, j'ai une envie de vomir abominable. Mais si je m'exécute trop vite, les effets de la boisson n'ont pas le temps de passer dans mon sang. J'aurais avalé mon thé pour rien ! Étant dans un état assez… maladif, je n'aurais plus le courage d'en reprendre un autre. Il est donc essentiel que j'attende au moins une demi-heure pour vomir. Ce temps d'écriture est toujours le plus fulgurant de la journée. Pour me garantir la réussite de ce moment créatif essentiel, j'ai mis au point des techniques mentales et physiques pour retarder le phénomène… Je suis désolée !

— *Mais vous vomissez tous les matins ?*

— Oui. Quand on avale de la nitroglycérine dans un estomac vide, il y a de quoi avoir l'estomac à l'envers… Mais ce n'est pas grave de vomir, vous savez, quand on en a l'habitude, franchement !

— *Il y a tout de même des désagréments, ne serait-ce que l'odeur…*

— Ce n'est pas que de l'évacuation… De toute façon, sincèrement, est-ce que j'ai l'air de si mal me porter ? Vous savez, les Romains vomissaient tous les jours. Moi, je me fais des orgies intellectuelles et c'est cela qui me fait vomir.

— *Et hormis le matin, vomissez-vous à d'autres moments ?*

— Cela m'arrive… En rentrant de certaines péripéties mondaines, par exemple.

— *Votre compatriote Jacqueline Harpman, qui est à la fois écrivain et psychologue, m'a un jour affirmé que l'écriture n'est pas, comme certains le pensent, une sorte de catharsis, une délivrance psychologique. Est-ce votre avis également ?*

— En effet. Je ne connais rien du tout dans ce domaine, mais je n'écris pas dans des buts psychanalytiques. Et si mon écriture avait des effets thérapeutiques chez certains lecteurs, ce serait tout à fait involontaire de ma part !

— *Le fait d'écrire ne vous détend pas ?…*

— Cela me fait un bien fou. Je ne pourrais pas vivre sans, mais quant à dire que c'est pour autant de la psychanalyse… Il n'y a pas que la psychanalyse qui fait du bien sur terre…

— *Vous y croyez ?*

— Comme je n'y connais rien, *a priori*, j'y crois !

(*Rires.*)

— Néanmoins, je me sens irritée quand je rencontre ces scientifiques de l'âme qui affirment que tout problème psychologique est dû à des causes physiques et que cela se soigne à coups de médicaments. Mais tout être humain a une excellente raison d'aller chez le psychiatre ou le psychologue, et pour moi c'est une raison de ne pas y aller.

(*Rires.*)

— Parce qu'on ne va quand même pas tous y aller, quoi !

— *Pour terminer sur l'aspect peu ragoûtant de certains de vos thèmes, pourquoi y a-t-il autant d'obèses dans votre littérature ?*

— Il est vrai qu'ils m'impressionnent beaucoup. Au Japon, mon père était un fanatique des matchs de sumos et j'en devins moi-même une adepte. Les obèses en Extrême-Orient ne sont pas du tout considérés comme en Occident. Chez nous, c'est le bon gros, comme il est gentil et rassurant, on lui donne une bonne claque. Là-bas, c'est tout à fait autre chose, il est inquiétant, c'est un lutteur, il est énigmatique, il parle peu. C'est aussi ma manière de les voir, comme des êtres éminemment mystérieux. Qu'est-ce qui a bien pu leur arriver pour qu'ils éprouvent le besoin de se cacher derrière un tel rempart de chair ?

— *Très bien pour le côté mystérieux des grosses personnes, mais il semble que leur particularité esthétique vous attire également.*

— La laideur m'intéresse sous tous ses aspects. L'obésité m'attire, mais pas de manière exclusive. Je crée des monstres qui ne sont pas gros : voir Épiphane dans *Attentat*. Mais à vous répondre sincèrement, il est vrai que ces montagnes de chair m'impressionnent. J'ai écrit ma thèse, mon mémoire sur Bernanos. Un de ses ouvrages s'intitule *Monsieur Ouine*, dans lequel il met en scène principale le diable qui s'incarne sous les traits d'un obèse. C'est très intéressant, parce que, généralement, on imagine Lucifer doté d'un visage émacié et d'un corps bien mince. Là, c'était tout le contraire.

Pureté et anticorps

— *Profitons de l'évocation de cet auteur pour nous évader quelque peu de cette laideur.* Journal d'un curé de campagne *est encore aujourd'hui l'ouvrage de Bernanos le plus lu. Quelle en est votre impression ?*

— Ce livre m'a profondément marquée. Très bizarrement, je me suis sentie proche de ce pauvre curé. Il parle continuellement de la banalité du mal et tente pathétiquement de convaincre ses ouailles, qui sont incultes – de vrais culs-terreux – que le mal n'en vaut pas la peine. Parce que c'est banal, parce qu'il n'y a rien à en tirer…

— *Il y a également cette notion de pureté…*

— Oui. Et, aujourd'hui, un être vraiment pur – cela me paraît fatal – ne peut que se déglinguer. S'il ne s'efface pas, c'est qu'il n'est pas vraiment pur. C'est qu'il fait semblant.

— *Il faudrait donc avoir un peu de mal en soi pour pouvoir survivre aujourd'hui ?*

— Ah, oui ! Le même phénomène s'applique à la santé physique. Un être parfaitement pur ne pourrait pas se défendre contre les microbes… Il lui faut des anticorps, c'est bien connu !

« 3,7 manuscrits par an »

— *Revenons à l'écriture. Dans une interview, vous avez affirmé que vous aviez écrit plus de trente manuscrits prêts à être publiés.*

— Non, non, non ! Trente manuscrits, oui ! Prêts à être publiés, certainement pas. Il est vrai que j'écris 3,7 manuscrits par an. Pas du tout parce que j'essaie de battre un record, mais parce que cela est. Quand on est prolifique, on n'y peut rien. Quand un pommier porte beaucoup de pommes, il ne l'a pas décidé. Mais je suis tout à fait consciente qu'il n'y a qu'une toute petite part de ce que j'écris qui est intéressante. Sur les manuscrits existants, il y en a peut-être un cinquième qui possède une quelconque valeur.

— *Mais comment établissez-vous vos choix ?*

— Les trois quarts du temps, ce que j'écris est absolument illisible. L'exercice m'a procuré une énorme jouissance au moment même, mais il n'est pas lisible pour autant. Ce serait un délire que de publier tout ce que j'écris ! Le grand tort de la plupart des écrivains, c'est qu'ils s'imaginent qu'ils doivent publier toute leur « production ». Ce n'est pas parce qu'on a du plaisir, deux minutes tout à coup dans sa vie, qu'il faut que tout le monde le sache ! Il faut juger de la qualité de ce que l'on a obtenu.

— *Qu'est-ce qui est lisible ?*

— Est lisible ce qui est cohérent.

— *Et la poésie ?*

— La bonne poésie est terriblement cohérente ! Je suis bien incapable d'en écrire, d'ailleurs, mais c'est le genre d'écriture que j'estime le plus.

— *Vous ne cessez d'affirmer que votre écriture ressortit à la littérature romanesque, alors que* Les Combustibles, *par exemple, s'apparente davantage à une pièce de théâtre…*

— *Les Combustibles* est une pièce de théâtre, je vous l'accorde. Mais en général, je revendique le terme « roman », parce que c'est un genre universel. Certains interlocuteurs m'affirment, comme vous, qu'une partie de mes livres ne sont pas des romans. Je crois que c'est une erreur. On parle de roman quand l'écriture prime sur les faits racontés. C'est, je pense, le cas de mes livres.

— *Vous pourriez préciser ?…*

— La définition même du roman renvoie à la notion de « langue vulgaire ». C'est donc un genre gueux, et qui dit « gueux » dit « liberté ». La poésie, par contre, est un genre d'écriture noble et codifié.

Personnellement, je prends mon pied en écrivant. Dans cet état de plaisir, les règles sont rarement prises en compte. Ce n'est qu'après l'acte d'écriture que se pose la question de la cohérence. Si mon exercice produit du sens, si cela me paraît de qualité, alors je crois bon de vouloir le partager avec d'autres…

— *Vous écrivez quatre heures par jour minimum… Ce qui fait environ mille cinq cents heures d'écriture par an !*

— Oui, d'autant plus qu'il n'est pas rare que ce chiffre de quatre soit dépassé… Quatre heures étant le minimum.

— *Avez-vous l'angoisse de la page blanche ?*

— Absolument pas. Je n'ai jamais eu cette peur de ma vie. Je crois que j'ai toutes les angoisses de la terre, sauf précisément celle-là.

— *Vous fixez-vous des horaires d'écriture ?*

— Non, pas du tout. J'écris uniquement en fonction de mes besoins, et il se trouve que mes besoins sont extrêmement réguliers. J'ai besoin d'écrire un minimum de quatre heures tous les jours, au saut du lit.

— *Au saut du lit ?*

— Au saut du lit. Je me réveille entre 4 et 6 heures. Je me prépare un demi-litre de ce thé extrêmement fort et je me mets à écrire… À 10 heures, j'ai fini. Je m'habille ensuite et me rends chez mon éditeur, où j'ai toujours un casier bourré à craquer de courrier. Je dépèce tout cela…

— *Vous répondez à chacune des lettres ?*

— J'en reçois en moyenne sept par jour, hormis le dimanche où je ne reçois pas de courrier. En moyenne, sur sept lettres, je réponds à quatre. C'est déjà beaucoup. Mais je ne réponds pas le jour même, ce ne serait pas possible… Il y a du retard, c'est fatal.

— *Et le contenu de vos réponses est chaque fois personnalisé ?*

— Absolument. Je n'ai jamais écrit de lettres-types. Je n'ai pas de secrétaire non plus. J'écris mon courrier à la main, en tentant chaque fois de répondre précisément à l'attente de mon correspondant. J'ai calculé que j'écrivais environ mille six cents lettres par an.

— *C'est fou !*

— Il n'y a pas de secret, je suis un bourreau de travail, on ne peut pas dire les choses autrement.

« Par gentillesse »

— *Quelle sollicitude pour vos admirateurs !*

— Je dois néanmoins faire attention. Le comportement de certains de mes correspondants est parfois très étrange. Si je leur écris, c'est plutôt par gentillesse. Certains, au contraire, considèrent cette réponse comme toute naturelle, c'est une sorte de droit acquis. Ils ont l'impression de vous posséder.

— *Votre premier manuscrit s'intitulait* L'Omelette spatiale, *m'avez-vous dit…*

— Oui, je l'ai écrit de dix-sept à dix-neuf ans. J'écrivais très lentement à l'époque. Le sujet s'apparentait à une sorte de révolution à rebours. Cela portait sur une société du futur, du troisième ou du quatrième millénaire, qui était entièrement contenue à l'intérieur d'un œuf, le pouvoir politique étant détenu par le jaune et le peuple par le blanc. Cela se terminait par une apocalypse : l'œuf se cassait, le jaune se mêlait au blanc et le tout devenait une espèce d'omelette sidérale qui se promenait dans l'univers, c'était la fin des temps.

— *Cette envie d'écrire vous porte depuis toujours ?*

— Cela fait près de vingt ans que j'écris maintenant. J'ai commencé à mon arrivée en Europe. Mais ce n'est que tardivement que j'ai songé à la publication. Je n'ai jamais pensé en faire un métier. Je vivais au Japon où j'étais interprète, fiancée à un Japonais très beau, très jeune et très riche. Et puis, tout à coup, je me suis rendu compte que ma destinée n'était peut-être pas exactement d'être japonaise. J'ai tout envoyé promener pour revenir en Europe. C'est à ce moment-là que j'ai écrit mon onzième manuscrit, *Hygiène de l'assassin*, qui deux ans plus tard a été publié. Vous voyez que cela s'est fait plus par tâtonnement que par une véritable vocation.

Vivre de sa plume

— *Puis-je me permettre de vous dire que je vous envie ?*

— Vous pouvez très bien le dire ! Mais j'ai peur d'avoir l'air, comment dirais-je… Vous allez vouloir me gifler, mais j'estime que vous n'avez pas forcément raison. Bien sûr, j'ai désiré ce qui m'arrive. Et ce qui m'advient est extraordinaire, je suis bien la dernière à le nier. J'appartiens à ce seul pourcentage d'écrivains sur terre qui ont le bonheur de vivre de leur plume.

— *J'ai pitié pour les autres 99 %. On devrait tous pouvoir vivre de sa passion, non ?*

— Mais dites-vous bien que les désagréments existent et sont importants. Je suis haïe par un nombre considérable de gens. Pour supporter d'être haïe, il faut une solidité que je n'ai pas, ou que je n'ai pas encore.

— *Ou une indifférence…*

— Que je ne possède pas. Je m'efforce de l'avoir, je dirais que je progresse, que je m'aime bien indifférente.

— *Néanmoins, qu'un pour cent seulement des écrivains gagnent leur vie grâce à leurs créations me paraît presque invraisemblable. C'est grave, non ?*

— Oui… et en même temps je pense qu'il vaut mieux que ça reste ainsi. On subventionne déjà beaucoup les écrivains. Si on le faisait davantage, ce serait le plus sûr moyen de leur faire perdre tout talent. Je pense qu'une certaine insécurité n'est pas mauvaise pour l'écriture. Moi, c'est au terme d'un véritable combat que je vis de ma plume.

— *Un combat matériel ?*

— Oh, d'abord un combat stylistique qui devient par la suite, oui, un combat matériel.

— *Est-ce que les éditeurs protègent leurs écrivains ?*

— Les bons éditeurs. Moi, j'ai un excellent éditeur, mais il est aussi mon premier critique et je puis vous avouer qu'il n'est pas tendre…

— *Vous a-t-il déjà fait retirer des passages ?*

— Il n'y a jamais réussi !

— *Y a-t-il des jours où vous n'avez pas envie d'écrire ?*

— Non, jamais ! Est-ce qu'il y a des jours où vous avez envie de ne pas être amoureux ? Des jours où vous n'avez pas envie de respirer ? Et puis, ce qui me sauve, c'est ma remarquable absence de talent dans tous les domaines autres que celui de l'écriture. Je n'ai absolument pas d'autre choix de vie.

— *Tout de même… Vous auriez pu être une fonctionnaire, une secrétaire ou encore un professeur de français, que sais-je ! La notion d'écrivain renvoie plus à une sorte de vocation, à un don de création…*

— Je suppose qu'à la base, il y a quelque chose qui fait que l'on écrit. Ceci dit, cela se noie dans d'autres choses. Ce dont, par exemple, je suis persuadée, c'est que l'on ne peut être écrivain si l'on n'est pas un lecteur. Moi, depuis que j'ai neuf ans, je lis énormément. J'ai une plus grande carrière de lectrice que d'écrivain derrière moi.

— *Pourquoi en êtes-vous persuadée ?*

— Parce que cela va de soi ! On ne se fait pas tout seul. Si l'on n'a pas lu beaucoup, on ne peut pas savoir comment écrire une phrase. De même qu'un peintre est toujours quelqu'un qui a vu énormément de tableaux au cours de sa vie.

— *Vous ne croyez pas en l'immédiateté de la création, en la beauté instantanée ?*

— *A fortiori*, dans la littérature, non. Dans les autres arts, je ne me prononcerai pas. Il est vrai que l'on a essayé des phénomènes d'écriture brute, mais citez-moi sincèrement des cas intéressants !

C'est une chose très générale, ce que je vous dis là. Personne ne s'est fait tout seul, pas même les génies comme Mozart ou Einstein. Cela n'a rien d'humiliant de dire que l'on est devenu écrivain parce qu'on a beaucoup lu. C'est tout le contraire. Cela a plutôt quelque chose d'émouvant.

Pour un délire structuré

— *Quand vous écrivez, êtes-vous dans un état normal ?*

— Non, je me trouve alors dans un état de suprême plaisir qui n'est déjà pas un état raisonnable, mais en même temps… Ce qui est très bien vu aujourd'hui, surtout à Paris, c'est de faire n'importe quoi, de déconner. *A priori*, je trouve cela très sympathique, mais je dis qu'un délire qui n'est pas bien agencé n'a pas d'intérêt. Ma force, je crois, réside dans ma structure.

— *La dispersion du spleen…*

— Pour moi, c'est une faiblesse. À travers tout cela, je garde malgré tout un esprit très construit.

— *Vous vous y obligez ?*

— Non, cela se fait tout seul. Je me rends compte que je suis une bonne funambule. Je reste sur mon fil.

— *Dans* Métaphysique des tubes, *vous démontrez que le génie proviendrait d'un accident mental, « une poussière entrée par hasard dans l'huître du cerveau »…*

— Oh… c'est plutôt une question que je me posais quant à l'évolution de l'espèce humaine. Ou quant à la croissance de l'individu, ce qui renvoie au même phénomène. On nous présente toujours ce « progrès » comme allant de soi. Faire ses premiers pas, puis dire ses premiers mots, serait dans l'ordre des choses, normal. Personnellement, je trouve que cela ne va pas du tout de soi. De même qu'il n'était pas évident qu'un jour l'homme dans son histoire se mette à marcher debout. Il aurait pu très bien continuer à marcher à quatre pattes comme les autres, etc.

Sincèrement, je pense que l'évolution procède par accidents. Et pas du tout par des choses logiques et allant de soi.

— *Votre don littéraire proviendrait également d'un accident ?*

— Pas un, plusieurs ! Il y a celui que je raconte dans *Métaphysique*, mais le plus sérieux – dont je ne me sens pas encore remise – fut celui qui m'arriva à douze ans et demi. La découverte, tout d'un coup, de la culpabilité. Une crise qui n'a pas cessé depuis et fait de moi une espèce de coupable à perpétuité. Cela aurait pu me figer, me rendre débile, improductive. Eh bien ! non, cela a fait jaillir en moi une fécondité extraordinaire. Ne me demandez pas pourquoi, je n'en sais rien, c'est un mystère complet.

— *Travaillez-vous sur traitement de texte ?*

— Pas du tout ! Je viens de la préhistoire. J'écris à la plume, sur mes genoux. Et puis, ma seule tâche un peu ennuyeuse, c'est qu'après je tape à la machine ce que j'ai écrit. C'est la seule partie gênante de ma vie.

— *Pas de problèmes d'orthographe ?*

— Aucun.

— *Ma fumée ne vous dérange pas ?*

— Non, tous mes amis fument.

— *Vous ne fumez pas ?*

— Non, j'ai essayé plusieurs fois, mais ça ne marche pas.

Création, récréation

— *« En un seul regard, on sentait qu'aimer Héléna serait à la souffrance ce que Grévisse est à la grammaire française : un classique conspué et indispensable*[1]. *» La grammaire, selon vous, est-elle si indispensable ?*

1. *Le Sabotage amoureux*, p. 50.

— Bien sûr. Comme la connaissance de la chorégraphie est indispensable à la danse. Cela rejoint le thème de la structure. J'investis beaucoup dans la syntaxe de mes livres, c'est évident.

— *Il existe des règles incontestables dans l'art de la chorégraphie, ne serait-ce que sur le plan de la maîtrise de l'espace. Mais ne considérez-vous pas que certains principes de base de la danse, comme ceux de la grammaire, pourraient être remplacés demain par d'autres ?...*

— On peut en inventer d'autres, oui. La seule règle de base en grammaire – et je pense qu'elle est indépassable –, c'est la cohérence. On peut créer n'importe quel système, du moment qu'il est cohérent.

— *Et pourquoi ne pas le recréer... à votre façon ?*

— C'est ce que je ne cesse de faire.

— *Comme d'inventer de nouveaux termes de vocabulaire...*

— En effet. Je me suis servie de mots – ou d'emplois de mots – qui n'existaient pas. « Quandoquité », par exemple, qui est l'équivalent temporel de l'ubiquité. J'ai employé le substantif « lisseté » dans *Le Sabotage amoureux*, parce que je me suis rendu compte qu'il n'y avait pas de substantif pour l'adjectif « lisse » et je trouvais que cela manquait. J'ai inventé un emploi d'adjectif pour le substantif « sagittaire », toujours dans *Le Sabotage*. J'ai dit qu'Héléna a des yeux sagittaires. Alors, si ce terme que j'utilise au sens poétique se retrouve un jour comme un emploi permis dans le dictionnaire, j'en serai très heureuse.

— *Outre le fait que vous inventez de nouveaux mots, vous en utilisez d'autres avec prédilection. Je pense par exemple au terme « inanité », que vous employez deux fois dans* Attentat *et que vous reprenez dans* Métaphysique des tubes.

— Employer deux fois un même mot ne signifie pas que l'on en soit fanatique, mais c'est un mot nécessaire. Je n'en ai pas une passion, mais il est utile pour désigner le vide absolu de certains propos, la bêtise totale en fait.

— *« Logorrhée » est également un terme qui semble vous plaire... Vous l'avez utilisé tant dans* Mercure *que dans* Péplum *et* Cosmétique de l'ennemi.

— À la base, c'est une diarrhée de mots, il y a de quoi rêver ! Quand on est écrivain, on peut se sentir interpellé par ce mot, en effet.

— *Le mot « aporétique » que vous utilisez dans* Métaphysique des tubes, *j'ignorais même son existence.*

— Oh, là, vous avez des excuses. C'est vrai que c'est un terme que l'on utilise plus rarement.

On l'emploie en logique, puisque c'est l'adjectif qui dérive du mot « aporie », qui désigne une difficulté logique insoluble. J'aime jouer avec les apories, cela me fascine.

— *Et « anadyomène » ?*

— C'est un mot magnifique, celui-là. Cet adjectif est attribué à Vénus quand elle naît de la mer, qu'elle se forme à partir de l'écume. Il y en a de fameuses représentations picturales, comme le tableau de Botticelli où l'on voit Vénus sortant de l'onde.

— *« Récréation. Le mot est clair : il s'agit de se créer à nouveau*[1] *», dites-vous dans* Le Sabotage amoureux. *Vous êtes en création continue ?*

— Quand j'écris, je suis en récréation continuelle. Quel beau métier, vraiment ! Dire que l'on me paie pour cela…

De quelques écrivains

— *L'académicien français Jean-François Revel a affirmé qu'en matière de grammaire « l'usage est le maître suprême. Une langue bouge de par le mariage de la logique et du tâtonnement, qu'accompagne en sourdine une mélodie originale. Le tout est fruit de la lenteur des siècles, non de*

1. *Le Sabotage amoureux*, p. 115.

l'opportunisme des politiques. L'État n'a aucune légitimité pour décider du vocabulaire et de la grammaire[1] *». Qu'en dites-vous ?*

— Je ne puis que m'associer humblement à cet avis, d'autant plus que le respect que je porte à Jean-François Revel est grand.

— *Parlons maintenant de quelques écrivains phares du XX*e *siècle. Je pense tout d'abord à Marguerite Duras. Quels sentiments avez-vous éprouvés à l'annonce de son décès ?*

— Ce n'était certainement pas mon écrivain préféré, mais elle était à coup sûr un écrivain, ce qui est rare. Je n'aimais pas son style, mais elle en possédait incontestablement un.

— *Que pensez-vous de Simenon ?*

— Simenon est un écrivain très impressionniste qui a écrit quelques livres éternels. Au-delà de cela, c'est quelqu'un qui m'a intéressée beaucoup et que j'aurais voulu rencontrer.

— *En dehors de Simon Leys – je sais l'admiration que vous lui portez – ou encore de Bernanos, quels sont les auteurs qui ont votre préférence ?*

---

1. Jean-François Revel, « Le Sexe des mots », *Le Point*, 11 juillet 1998.

— Il y en a plus de morts que de vivants. Je citais Leys parce qu'à la question des écrivains vivants, je crois qu'il est le seul que j'admire vraiment.

— *Le seul?*

— Pour lequel j'aie une admiration profonde, égale à celle que je peux avoir pour les morts, oui. Jacqueline Harpman est une de mes seules amies dans le monde de l'écriture. Quant aux morts, il y en a beaucoup: Diderot, Radiguet, Cocteau, Cervantes, Tanizaki, Pétrone... La liste est longue.

— *Vous ne citez pas Marguerite Yourcenar. Son écriture vous a-t-elle influencée?*

— Je pense qu'aucun auteur ne m'a vraiment influencée. Je suis une lectrice attentive qui pratique l'admiration. J'aime admirer les écrivains que je trouve admirables. Mais je considère que la plus mauvaise façon d'admirer quelqu'un est de l'imiter. Une influence, il y en a peut-être une puisque je les ai lus très profondément, mais elle ne s'exprime en aucun cas par une répétition d'un même style. Je crois seulement qu'on peut sentir dans la voix d'un écrivain qu'il y en a d'autres derrière.

Alors, le cas de Yourcenar... C'est bien entendu un écrivain que j'ai lu intensivement.

Quand j'avais dix-neuf ans, je l'admirais totalement. Maintenant moins. En vérité, mes relations aujourd'hui ont un peu changé avec elle pour une raison que je trouve personnellement tout à fait absurde, mais que tout le monde m'impose. Un certain public, surtout en France, s'imagine que je suis une nouvelle Yourcenar ! Ce qui est une aberration. Il y a des gens comme ça qui s'imaginent qu'il suffit d'être du sexe féminin, belge, écrivain et issu d'un « bon » milieu pour se ressembler !

En plus, me semble-t-il, il y a une différence de taille entre nous, c'est qu'elle était une statue ! Déjà vivante, elle était une statue.

— *Mais vous devenez également une statue vivante, non ?*

— Waouh ! Vous rigolez ?

— *Parlons un petit peu de la littérature « parisienne »...*

— C'est du cas par cas. De toute façon, ce sont des gens que je ne vois pas beaucoup et je vis très bien sans eux. En ce qui concerne Sollers, vous savez ce qui m'est arrivé avec lui ?

— *Il aurait refusé votre premier manuscrit chez Gallimard en vous écrivant un petit mot qui se résumait à : « Je n'aime pas les canulars. »*

— Oui, et maintenant il le nie ! Alors forcément, quand on me parle de Sollers, j'ai un peu l'air ironique… Personnellement, je trouve que ce qu'il écrit, en tant qu'œuvre romanesque, est illisible. Parfaitement illisible ! D'autre part, je pense que c'est quelqu'un d'une immense intelligence et d'une culture brillantissime. Ses articles dans *Le Monde* sont inégalables. Le malheur est qu'il n'écrit pas que des articles. Il y a une double erreur dans le cas de Sollers, c'est qu'il est éditeur et romancier. S'il n'était que critique et essayiste, ce serait formidable !

— *Et Bernard-Henri Lévy ?*

— Bof! Que peut-on dire à son sujet? Qu'il est dommage que quelqu'un d'aussi intelligent se soit tant nui à lui-même ! Je crois que l'orgueil est une belle qualité, mais à ce stade, ce n'est plus de l'orgueil, c'est de la vanité poussée au degré d'un cheval de cirque ! Il s'est complètement décrédibilisé. C'est dommage.

— *Lors d'un séjour à Bruxelles, Jean-Edern Hallier m'a affirmé qu'il vous estimait beaucoup !*

— Il m'adorait, oui. Jean-Edern, c'était vraiment la meilleure et la pire des choses. C'était vraiment un fou. Dans ses bons jours, j'adorais sa mythomanie, parce qu'elle était follement drôle. Dans ces moments, il était d'une compagnie merveilleuse, on était mort de rire avec lui.

Dans ses mauvais jours, il était à défenestrer ! Il était odieux, pervers, insupportable… En tous les cas, c'était quelqu'un d'horriblement envahissant. C'est le genre de type qui vous téléphone tous les jours à 7 heures du matin pour vous raconter n'importe quoi.

— *Il vous téléphonait comme ça ?*

— Oh, mais oui ! « Amélie, il est 7 heures, venez avec moi au marché des Halles, la télévision est là, elle nous filmera ensemble… » Voilà.

Où va le blanc ?

— *Vous avez dit un jour aimer la neige. Pourquoi précisément ?*

— La raison fondamentale, je ne la connais pas. Les vraies amours sont inexplicables. Mais je sens qu'il existe très distinctement des affinités profondes entre le travail de l'écrivain et la neige. D'un point de vue paléontologique, c'est loin d'être aberrant. Il semblerait que la culture soit apparue au cours de l'ère glaciaire. Comment expliquer cela ? Il n'y a pas d'explication. Tout ce que l'on sait, c'est que, pendant les ères glaciaires – l'homme existait déjà –, la terre entière était recouverte de neige.

L'écriture la plus mystérieuse, à la base, qu'est-ce que c'est ? C'est de voir des pas dans la neige. Qui est-ce qui a marché là, qu'est-ce qu'il faisait là, quelle est son histoire ? Je ne pourrais pas vous exprimer cela en termes très précis, mais je sens très clairement que l'écriture est née de là.

— *Ce qui est affreux, c'est que la neige s'en va…*

— C'est tragique, oui. La neige est tellement le symbole de la vie : c'est beau, c'est abîmé, cela fond… Elle est souillée, salie lorsqu'on marche dessus. La neige est vraiment saccagée par l'homme. Et puis, l'une des dernières phrases des *Catilinaires* : « Quand fond la neige, où va le blanc ? » C'est une phrase de Shakespeare. Qu'est-ce qu'il y a de plus important que cette question ? Toute neige fond. Il n'y a pas plus mystique et mystérieux comme disparition. Et « où va le blanc » ?

— *Cela me fait penser au roman de feu Pascal de Duve,* Izo.

— J'ai lu ce roman, mais je ne vois pas le rapport.

— *Ce personnage, Izo, est un être droit sorti d'un tableau de Magritte. Grand, mince, manteau noir et chapeau melon, il fondra… Je vous en lis un passage : « Au jardin du Luxembourg, près du bassin rond, la chaise sur laquelle Izo était apparu un ou deux mois plus tôt était vide. Juste devant, par terre, il y avait une grande flaque noire avec des taches blanches et roses et un îlot bordeaux; des filets rouges, verts et bleus marbraient la mare de bout en bout*[1]*.»*

— C'est vrai, je n'y avais pas pensé. Tout ce qui est pur fond. C'est vraiment un phénomène humain. Dès qu'il y a quelque chose ou quelqu'un de beau et de pur, l'obstination avec laquelle tout le monde essaie de le salir, de lui trouver quelque chose de laid, de trouver un biais pour dire du mal de lui, voilà ce qui me frappe très fort. Kundera, qui n'est pas mon auteur préféré mais qui a écrit de très belles choses, parle très bien de ce phénomène dans un de ses livres, *La Valse aux adieux*.

L'histoire se passe dans une clinique où l'on assure un traitement fécondateur pour femmes stériles. Il y a dans le livre un personnage qui vit là, dans ce sanatorium, et que l'on appelle «le Saint». Il y a aussi une infirmière, une jeune dame assez commune mais gentille. Et puis voilà qu'un jour, cette infirmière est au bar, elle se saoule, devient vulgaire. Et tous les hommes qui se trouvent autour d'elle sont ravis, parce qu'enfin elle est à leur niveau, ils vont enfin pouvoir

1. Pascal de Duve, *Izo*, JC Lattès, 1994, p. 276.

l'aimer. À ce moment-là, le Saint arrive, il fait le coup du Christ avec les marchands du temple, et lui qui est généralement si gentil, si affable, se met à engueuler tous les hommes en leur faisant la remontrance de pouvoir enfin aimer cette fille après l'avoir réduite à leur bassesse, à leur niveau de stupide beuverie.

Je crois que l'humanité, c'est vraiment cela : abaisser les gens à son niveau, les salir pour pouvoir enfin les aimer. Parce que l'on ne peut aimer que ce qui est assez bas pour soi. C'est vraiment répugnant.

2

Solitude et sentiments

AMÉLIE NOTHOMB : Au Japon, j'avais quitté un homme svelte et joli. J'y suis revenue quelques années après, j'ai retrouvé un jeune sumo ! Il semblerait qu'il se soit consolé de mon absence par la nourriture.

MICHEL ROBERT : *Pauvre homme ! Mais l'aviez-vous vraiment quitté ?*

— Oui. Lui, son pays, tout, quoi ! Et je ne l'ai jamais regretté. C'est un très gentil garçon, je suis restée deux ans avec lui…

— *Vous sentez-vous seule ?*

— J'ai été très seule pendant tant d'années ! Longtemps, je me suis pestiférée. Et j'en ai souffert. Aujourd'hui, quand j'écris, ce n'est plus vraiment une chose à laquelle je pense. En dehors des heures d'écriture, il y a des périodes où j'éprouve le besoin de la présence d'êtres humains qui, grâce à Dieu, se trouve assouvi.

— *Vous racontez que, pendant votre période universitaire, vous aviez très peu d'amis. Pourquoi ?*

— J'ai eu une seule amie, mais j'ai vraiment dû me battre. J'ai dû investir deux années de travail de séduction pour qu'elle daigne s'intéresser à moi. Elle est toujours ma meilleure amie, comme quoi cela a fini par marcher.

— *Et vous n'aviez pas d'autres copines de cours, d'autres relations amicales… ?*

— À part elle, non. Mais les autres, franchement, ne m'inspiraient pas du tout.

— *Pourtant, vous avez un jour déclaré : « À l'université, avec des amis, nous formions la "bande d'Ixelles". »*

— Ce n'était pas à l'université, mais il est vrai que mon amie m'a fait entrer dans son propre cercle de relations, composé en majorité de non-étudiants. Ils étaient constructeurs de lampes, hypnotiseurs, chômeurs, que sais-je… Ils avaient pour unique point commun de vivre dans cette commune bruxelloise, raison pour laquelle nous nous étions baptisés « la bande d'Ixelles », bande qui n'existe plus aujourd'hui.

Amitié et amour

— *Vous écrivez dans* Mercure *: «L'amitié est une chose bizarre : on n'aime ses amis ni pour leur corps ni pour leurs idées*[1]*. » Pensez-vous qu'il n'y ait aucune raison à ce qu'une amitié existe entre deux êtres ?*

— Si, si ! Je pense au contraire qu'il existe de grandes raisons à cela, mais qu'elles sont souvent de l'ordre de l'indicible. Seriez-vous vraiment capable de dire pour quelles raisons votre meilleure amie est votre meilleure amie ? Me concernant, je ne crois pas que j'y arriverais fondamentalement.

— *Votre réponse fait plus écho à la notion d'amour qu'à celle de l'amitié.*

— Je n'en suis pas sûre. Je connais des gens qui ont les mêmes convictions que moi, qui pensent comme moi, et pourtant je n'éprouve aucune affection particulière à leur égard. L'opinion me paraît loin d'être le facteur principal dans une histoire d'amitié. L'amour est finalement moins mystérieux, parce qu'il sous-entend généralement une relation physique.

— *Si ce n'est ni l'idée, ni le corps, qu'est-ce que l'amitié ?*

1. *Mercure*, p. 74.

— Une élection ! Avoir des amis pour éviter d'être seul, c'est un peu triste. Mais une amitié qui s'impose parce que l'on ne peut pas faire autrement, parce que l'on sent qu'il y a une élection mutuelle, au sens qu'il pouvait y en avoir entre Montaigne et Étienne de La Boétie, « parce que c'était lui, parce que c'était moi »... C'est cela, l'amitié.

— *On sent qu'elle est essentielle dans votre vie.*

— Oh oui ! J'ai un culte de la gratuité. Aimer les gens parce qu'ils vous émeuvent, pas parce qu'ils ont du fric ou un intérêt de pouvoir à vous apporter, cela vaut tout l'or de la terre. Tout le monde ne m'émeut pas, vous savez. Mais quand c'est le cas, je considère cette nouvelle relation comme sacrée.

D'autant plus qu'il y a une chose qui me choque à Paris, c'est ce côté tellement utilitaire dans les relations. Depuis quelque temps, je suis victime d'un drôle de phénomène. Un certain nombre de Parisiens ont l'air d'avoir envie de me connaître, pas du tout pour discuter d'écriture, mais parce qu'ils voient bien que cela va leur être utile.

— *Mais ce phénomène s'illustre également à Bruxelles. J'entends aujourd'hui des intellectuels qui, il y a trois ans, vous ignoraient ostensiblement, et qui aujourd'hui vous mettent en exergue...*

— Je les connais bien… Certains furent mes propres professeurs et parlaient de moi, il n'y a pas si longtemps, avec le plus souverain mépris. Aujourd'hui, c'est tout le contraire. Mais laissons cela. Ils ont tout de même de l'esprit. Je ne suis pas revancharde ni rancunière.

«Je me fiche de toutes les saloperies… »

— *Tout de même…*

— Non, je pense qu'il y a une façon bien plus intelligente de traiter ses ennemis, surtout ses anciens ennemis qui viennent soudain vous manger dans la main : être pleinement indifférente. D'autant plus que je ne dois même plus faire de cinéma pour cela. Il est absolument vrai qu'aujourd'hui je me fiche éperdument de toutes les saloperies que ce gang a pu dire de moi dans le passé. Vous pouvez me croire, je m'en fiche comme de l'an quarante. Pourquoi leur en tenir rigueur ? Cela laisserait penser qu'ils m'ont atteinte durablement, ce qui est absolument faux. En même temps, avoir le sentiment qu'on leur accorde l'aumône, ce qui est le cas, je vous prie encore de m'excuser, mais c'est mon délice ! Je ne vois pas pourquoi je me priverais !

— *Outre l'amitié, vous semblez avoir de l'amour une conception bien particulière. Dans* Mercure, *on lit ceci: « Vous n'avez aucune idée de ce qu'est l'amour: c'est une maladie qui rend mauvais*[1]. »

— C'est ce que je constate, oui. Même quand on a les meilleures intentions du monde…

— *Dans* Attentat, *vous reprenez l'idée de Wilde: « Chacun tue ce qu'il aime*[2] »…

— C'est un phénomène que je ne cesse de vivre. Je ressens dans le véritable amour une sorte de fatalité destructrice. Souvent, je me prends moi-même comme terrain d'investigation, pas du tout par nombrilisme, mais parce que ce matériau est le plus simple à utiliser. Je suis follement amoureuse et j'ai très régulièrement envie de tuer l'objet de mon amour. C'est ainsi. Pour m'en libérer, mais aussi parce que cela me paraît comme un aboutissement logique. Et pourtant, je crois être quelqu'un de bien intentionné !

— *Finalement, qu'est-ce que l'amour, pour vous ?*

— L'obsession absolue.

---

1. *Mercure*, p. 94.
2. *Attentat*, p. 28.

« On n'est pas forcé d'aimer mes livres... »

— *Êtes-vous timide ?*

— Je crois que oui. Petite, je l'étais beaucoup, et je soutiens que cela n'a pas changé. Même si personne ne le croit, parce qu'il semblerait que je sois d'un contact facile... Si j'aime bien rencontrer autrui, j'éprouve toujours une certaine angoisse avant que le contact ne se produise. En tous les cas, je dois toujours vaincre quelque chose. Petite, je n'allais pas du tout vers les autres. Héléna, dans *Le Sabotage amoureux*, est la toute première personne vers laquelle je me sois tournée.

— *Souffrez-vous ?*

— C'est un grand mot. Ce que je supporte très mal, c'est la fausseté. Constater que des gens qui se prétendaient mes amis n'attendaient qu'une chose : pouvoir me tirer dans le dos ! À cela, je ne puis rester indifférente.

Vous aurez senti que je voue un véritable culte à l'amitié. Si quelqu'un se déclare mon ami, c'est un ami. C'est, je crois, une naïveté de ma part, mais à laquelle je tiens parce que j'ai besoin de ne pas rougir de ma propre race. Trahir un ami, c'est vraiment la chose au monde que je ne pourrais jamais faire.

— *Avez-vous été trahie ?*

— Oui, et cela m'a totalement meurtrie. Quelqu'un que je considérais comme un très grand ami m'a fait un coup épouvantable. Et cela s'est horriblement terminé.

— *Épouvantable, à ce point ?*

— Il n'avait pas du tout aimé *Péplum*, c'est son droit le plus strict. On n'est pas forcé de bien aimer mes livres pour bien s'entendre avec moi. On n'est même pas forcé de les lire… Mais il m'a écrit une lettre d'une grossièreté et d'une bassesse totales, me disant que lui qui avait tant d'estime pour moi avait honte d'avoir eu toute cette admiration à mon égard, ajoutant que *Péplum* était pire que de la m… et qu'il aurait préféré que je sois morte plutôt que d'avoir écrit ce livre !

J'ai cru à une blague. Ce n'était pas possible. Je lui ai téléphoné et finalement, n'en croyant pas d'abord mes yeux, je n'en croyais même plus mes oreilles !

— *Ce doit être un jeune fou, ce monsieur !*

— Sans doute, mais d'autres gens sont jeunes, d'autres gens sont fous sans être si désagréables et puis si grossiers ! Enfin, est-ce qu'on dit des choses pareilles à quelqu'un que l'on aime beaucoup ? Moi, je ne comprends pas cette attitude.

Il a fini par dire, et c'était la pire des choses car c'était une muflerie : « Bon, cet entretien devient horripilant. » Et il a raccroché !

— *Et vous ne l'avez plus jamais revu ?*

— Plus jamais, cela va de soi ! Il m'a envoyé une dernière lettre en écrivant que les choses étaient claires, qu'il espérait que j'avais compris, que je devais aller voir un psychiatre, et il terminait en me demandant de ne plus le harceler au téléphone !

— *Vous avez dû être victime d'autres goujateries assez déplaisantes, n'est-ce pas ?*

— Depuis la sortie de mon premier ouvrage, je reçois un certain nombre de lettres obscènes. En réalité, cela ne me dérange pas, je les jette à la poubelle. Mais il y a un cas plus particulier. Je recevais des lettres d'hommes, visiblement amis, qui écrivaient ces lettres obscènes en groupe, et le plus grave, c'est qu'ils s'offusquaient de ne pas recevoir de réponse. C'était tout de même assez comique ! Seulement, je n'avais aucune idée de qui cela pouvait provenir. C'étaient des gens de la région de Liège, c'est tout ce que je sais. J'imaginais que c'étaient des vieux cochons, voilà tout…

Et puis, je me trouvais un jour au Salon du livre à Bruxelles, en plein exercice de dédicaces.

Arrivent quelques jeunes types en jeans, l'air plutôt sympa, qui me demandent une signature sur un de mes livres. Je signe alors sans m'inquiéter de quoi que ce soit, en parlant gentiment avec eux... Ils m'interpellent soudain : « On a des lettres pour vous, mademoiselle Nothomb, on peut vous les donner ? » Je les accepte, bien sûr. Ils me remettent leurs enveloppes et puis ils partent. Quelques temps après, j'avais un temps mort, j'ouvre les enveloppes : c'étaient les auteurs des lettres obscènes !

« T'es tellement moche... »

— *Ils sont malades, ces gens-là !*

— J'ai éprouvé alors un dégoût incommensurable. Pas seulement pour le fait qu'ils osent se présenter à moi après leurs écrits obscènes, mais aussi de voir que c'étaient des jeunes hommes qui n'avaient même pas l'excuse de la vieillesse. Et vous n'imaginez pas la vulgarité de ce qu'ils m'écrivaient. Ils affirmaient, en outre, que j'avais de la chance de recevoir ces lettres... Ils disaient : « Et puis en plus, t'es tellement moche, enfin un type qui s'intéresse à toi, comment se fait-il que tu ne répondes pas ? »

(*Rires.*)

— C'est fou, quoi !

— *C'est du sadomasochisme en plein…*

— Non. Les sadomasochistes sont plus raffinés, en général. Eux, c'est de l'obscénité dans ce qu'elle a de plus vulgaire.

— *Comment réagissez-vous face à ce genre de comportement ?*

— Cela me révulse, mais moins que… Il y a trois jours, par exemple, j'ai pleuré de dégoût. J'étais allée parler chez des gens que je ne nommerai pas, appartenant à la meilleure société belge. En réalisant ma conférence, je ressens une atmosphère lourde, une sorte de profonde odeur d'argent. Ces gens étaient très nombreux, et beaucoup m'ont demandé une signature. Par la suite, j'ai appris que les membres de cette assemblée appartenaient pour la plupart à la solide extrême droite et étaient venus voir en moi l'arrière-petite-fille d'un rexiste…

Et, somme toute, ces personnes étaient, sous leurs titres et leur fortune, tellement vulgaires, peut-être encore plus vulgaires que ces péquenots liégeois avec leurs lettres obscènes. Eh bien, croyez-moi, lorsque je suis rentrée chez moi, j'ai vraiment pleuré de dégoût.

Je constate que, sur le coup, j'ai toujours cette réaction de dégoût. Après, ça se calme. Mais il y a toujours au moins vingt-quatre heures pendant lesquelles j'ai cette envie de pleurer ou de vomir.

— *Cela relève d'un réel traumatisme...*

— Mais cela se pèse en coups de téléphone obscènes, en lettres d'injures, en réflexions extrêmement désobligeantes, en campagnes de calomnies... Je passe au-dessus très souvent, mais je n'irai pas jusqu'à dire que cela me fait sourire.

— *Mais pourquoi recevez-vous ce genre de courrier ?*

— Je ne me l'explique pas ! Il faudrait le leur demander. Parce que, quand bien même ils détesteraient ce que j'écris, ce que je peux très bien comprendre, l'attitude la plus sage dans ce cas-là serait de m'ignorer et de ne pas consacrer des week-ends entiers à l'écriture de lettres d'injures extrêmement soignées !

« Une forme de paranoïa »

— *Sans doute sont-ils jaloux de votre naïveté, de votre sincérité...*

— Mais que s'imaginent-ils ? Qu'ils vont y changer quelque chose ? Tout de même, j'ai écrit dans *Péplum* qu'à cause de ma crédulité maladive, j'ai appris à être méfiante. Par nature, depuis que je suis toute petite, je crois vraiment tout ce qu'on me dit. Je suis du style à croire au Père Noël et rien ne me paraît invraisemblable. Si vous m'assurez que vous descendez de la planète Mars, je suis tout à fait capable de le croire.

D'autre part, depuis le temps que je suis comme cela, j'ai appris à me méfier de moi-même. Et parfois, cela suscite en moi un mouvement inverse : je ne parviens plus à croire ce que l'on me dit, parce que je sais que je n'ai que trop tendance à le croire. C'est une forme de paranoïa venue de ma trop grande crédulité.

— *Outre votre crédulité maladive, mêlée à une sorte de méfiance, on ressent chez vous néanmoins une certaine prétention. N'avez-vous d'ailleurs pas écrit dans* Le Sabotage amoureux*: «La prétention fait écrire. D'où un nombre extraordinaire de livres sur la Chine»?*

— Oui, et là je ne puis plus me cacher ! Mais il est vrai qu'il faut parfois être prétentieux. Le simple fait d'écrire est quelque chose de prétentieux. Mais qu'est-ce que j'y peux ? Voilà, c'est en moi ! Il vaut mieux avoir l'humour de le reconnaître…

— *Vous considérez-vous vraiment comme prétentieuse ?*

— Je ne le pense pas du tout ! Je sais que ce fut une opinion partagée par un certain nombre de mes lecteurs. Il y a dans *Le Sabotage amoureux* un passage où la narratrice déclare qu'elle est le centre du monde. Apparemment, certaines personnes ont pris cela au sérieux.

— *Votre réussite peut également vous excuser d'une certaine prétention. Cela doit vous changer, tout de même, ce succès croissant, tant celui de vos ouvrages que des traductions que l'on en fait dans nombre de pays, des adaptations théâtrales ou cinématographiques...*

— Je ne vois pas ce que cela pourrait changer... Il est vrai que cela me fait un immense plaisir. Il y a un mur de différence entre être très heureuse d'une situation et en concevoir de la prétention. Je crois, dans mon cas, que je suis de toute façon beaucoup trop angoissée pour être prétentieuse. Là, j'attends surtout de voir, en paniquant, ce que vont être ces adaptations... Et même si j'ai du succès – la pièce des *Combustibles* a eu un grand succès en Belgique –, mon angoisse n'est pas calmée pour autant, parce que je me dis : « Bon, jusqu'à présent, tout va très bien, mais maintenant, comment vas-tu faire pour continuer ? »

De même, j'essaie de me construire une philosophie, car je me dis qu'il y aura bien un jour où je ne serai plus capable d'écrire ou que plus personne ne me lira. Ce sera déjà formidable de réaliser que ma belle aventure a eu lieu et qu'il ne faut pas être amer parce qu'elle est terminée. N'empêche qu'entre-temps, je m'angoisse considérablement. Pour de simples raisons matérielles aussi. Le jour où cela ne marchera plus, il faudra bien que je trouve un autre moyen de vivre. Et comme je ne suis pas bonne à grand-chose, je me demande bien quel sera ce moyen !

Vie privée

— *Lors d'une interview radiophonique, on vous a interrogée brusquement sur votre vie privée et vos amours. Je me suis posé la question de savoir si cela vous avait choquée ?*

— Cela ne regardait personne, mais je ne me suis pas sentie blessée. Seulement, j'ai pensé que le journaliste était extraordinairement indiscret et grivois... Il s'abaissait. Mais si la liberté d'expression doit aller jusqu'à des choses aussi ridicules, mieux vaut quand même la liberté d'expression. Mais, franchement, cela ne m'a pas touchée. J'ai connu bien pire !

— *Pire encore ?*

— J'ai été invitée à parler de mon livre devant un auditoire universitaire. Avant que je n'intervienne, deux intellectuels étaient censés me présenter. Pendant vingt minutes, l'un des deux m'a descendue sans réserve. Il affirmait que j'étais un phénomène de mode, que les éloges que l'on écrivait sur moi étaient dus à des dessous-de-table, que mes livres étaient creux… Jusqu'à ce que l'autre intellectuel prenne la parole pour dire pire !

Alors, s'est passé quelque chose de merveilleux : la salle a réagi. Il y avait là mon facteur, qui s'est levé et a crié au scandale. Le public n'attendait que cela, il y a eu un déchaînement de violence qui m'a obligée à intervenir moi-même. Je me suis levée, j'ai fait des gestes d'apaisement en rappelant que mes deux détracteurs avaient aussi droit à la liberté d'expression. Ces derniers sont alors partis, furieux. Et je me suis retrouvée devant le public qui était conquis, évidemment. Mais j'ai tout de même passé un très mauvais moment !

— *J'ai l'impression que, parfois, vous souffrez de ne pas être prise au sérieux, que l'on ne vous croie pas…*

— Oui, c'est vrai, on ne me croit jamais. Mais, ceci dit, je n'en souffre pas beaucoup. J'en ai tellement l'habitude… Et puis, ce n'est pas grave.

— *Vous avez un peu plus de trente ans et…*

— Faites attention, votre cendre est en train de…

« Je m'égare un peu »

— *Vous n'avez pas peur, parfois, d'être un peu en dehors du système de références de la société actuelle ?*

— Si, mais cela m'est égal d'être ou de ne pas être dans la norme. Du moment que c'est vivable, ça va. Parfois, bien sûr, ce l'est moins. Mais il y a des compensations. Il est vrai que je ne suis pas un être tout à fait équilibré, mais cela me permet de vivre des choses magnifiques ! Si vous saviez le nombre de choses qui me sont arrivées uniquement parce que j'ai eu des crises de folie qui m'ont permis, au bon moment, de comprendre, de réaliser certaines choses sans lesquelles je ne serais pas ce que je suis aujourd'hui. Mais j'estime que je m'égare un peu…

— *Non, non, continuez, je vous en prie ! Vous ne vous égarez pas, vous parliez de la folie.*

— Oui, forcément, il est normal que je parle de façon un peu décousue… La folie est un état qui m'a fait faire des choses extrêmement intéressantes. C'est, il est vrai, difficilement vivable, mais tellement extraordinaire !

— *La pureté est-elle pour vous un but, ou simplement un état d'être que l'on constate chez quelques-uns ?*

— C'est certainement, pour moi, un idéal. Une certaine forme de noblesse qui n'a rien à voir avec la naissance! C'est à ce moment-là que l'on voit combien je suis naïve quand j'emploie de tels mots. Mais ce sont des convictions. Je suis profondément atterrée par tout ce qui s'apparente à de la bassesse. Lorsque je rencontre des gens qui me semblent loin de cela, cela me fait un bien fou et j'essaie de les protéger.

— *Cette protection pourrait-elle être considérée comme de l'amour?*

— Il y a, en effet, une partie de ma vie, une importante partie de ma vie, qui est consacrée à l'amour. Je n'ai pas l'intention d'y toucher.

— *Chaque soir, vous semblez fort prise. Je voulais vous inviter dernièrement à assister à un ballet de Maurice Béjart, mais vous avez décliné mon invitation…*

— Là, vous étiez tombé mal… Mais quand je ne suis pas prise, je suis amoureuse. Et donc je suis encore plus prise.

— *Vous êtes heureuse, alors?*

— On peut le dire.

Liberté sexuelle

— *Il y a aujourd'hui une maladie qui touche au domaine de l'amour, le sida. Quelles sont vos impressions sur ce mal qui, dans cette civilisation que l'on dit en constant progrès, semble incroyable ?*

— Mon meilleur ami est mort du sida. Je connais beaucoup de gens atteints de cette maladie. Je reste consternée face à ce phénomène. Bien sûr, je pense qu'il faut tout faire pour éviter de l'attraper. Mais je refuse obstinément d'y voir une punition divine ou quoi que ce soit de ce genre. Les gens qui essaient de récupérer cette maladie pour en faire un argument divin de punition de la liberté sexuelle me dérangent beaucoup. D'autre part, ceux qui la récupèrent pour en faire l'objet d'une œuvre d'art, cela ne me paraît pas du meilleur goût. Qu'est-ce qu'on peut faire ? C'est un fléau, il faut lutter contre le fléau.

— *Néanmoins, c'est un fléau qui touche notre génération…*

— Oui, bien sûr. Homosexuels et hétérosexuels confondus.

— *Parlons sexe. Je cite un passage d'*Hygiène de l'assassin *:*

« Vous trouvez que j'ai une gueule de tapette ?

— Ne le prenez pas mal, il y a eu des homosexuels très brillants.

— Vous me faites rire. Vous dites ça comme si vous disiez : "Il y a même eu des souteneurs honnêtes" – comme s'il y avait une contradiction entre les termes "homosexuel" et "brillant"[1]*. »*

Quel est votre avis sur les homosexuels, les bisexuels et, pourquoi pas, sur les hétérosexuels ?

— D'abord, je trouve ces titres très dérisoires. Cela ne me choque pas. C'est si peu important qu'il n'y a pas lieu d'en être heurté. Il y a selon moi UN seul amour. Qu'il soit homosexuel ou hétérosexuel, c'est un détail qui n'a vraiment aucune importance. S'il y a des gens qui éprouvent le besoin de s'afficher, mais qu'ils le fassent, cela ne me dérange pas ! Personnellement, je tiens à garder intimement mes amours.

— Toujours à propos de sexe, vous écrivez dans Péplum *cette phrase étrange, selon moi : «Je vois que la fatuité masculine est toujours à l'ordre du jour. Vous n'êtes pas mon genre, vous savez*[2] *!» La fatuité est si masculine ?*

— Écoutez, moi, je n'ai aucun problème avec les hommes. Je ne suis pas non plus une grande

1. *Hygiène de l'assassin*, p. 85.
2. *Péplum*, p. 79.

théoricienne qui classifierait les hommes de telle manière et les femmes d'une autre. Je trouve cela très énervant et toujours bête. Mais, de par mes relations, au demeurant excellentes, avec le sexe masculin, je constate qu'il y a une fatuité masculine et qu'il n'y a pas une fatuité féminine… J'affirme cela notamment sur la base du courrier abondant que je reçois. Mes correspondants masculins m'écrivent toujours clairement ou implicitement qu'une réponse de ma part va de soi, comme s'ils m'accordaient une sorte d'incommensurable privilège en m'adressant une lettre ! Tandis que, pour ce qui concerne les filles, ce serait plutôt l'inverse. Et, de fait, elles ont raison. Non pas que ma réponse devrait à chaque fois être prise comme un privilège (*rires*), mais tout simplement parce que je n'ai pas le temps de répondre à tout ce qui m'est adressé.

Non, messieurs, cela ne va pas de soi ! Visiblement, l'homme ne suppose pas un instant qu'il pourrait prendre de mon précieux temps et que je ne vais peut-être pas lui répondre !

— *Mais ce n'est pas mon cas…*

— Non, mais encore une fois, ce n'est pas une généralité. Néanmoins, les trois quarts de mes courriers de lecteurs masculins sont emplis de cette fatuité.

Pour tout vous dire, cela m'amuse ! Il y a un cas dont je me souviendrai toujours... J'avais dix-huit ans, je passais mes vacances en Thaïlande. Je rencontre là-bas un garçon belge, on s'entend bien, on passe deux semaines ensemble. Rentrés à Bruxelles, tout est oublié, on reprend nos vies chacun de son côté... Rien de plus normal. Trois ans plus tard, je n'avais même plus souvenir de cette histoire, je reçois une lettre de ce jeune homme où il écrit qu'il me demande pardon : « Voilà, je vais me marier »... Si ce n'est pas de la fatuité, qu'est-ce que c'est ?

— *De la gentillesse. C'est mignon, non ?*

— Vous voyez bien que vous êtes un homme ! Imaginer qu'il avait à me demander pardon, comme si j'étais lésée du fait qu'il épousait une autre femme ! Alors que, simplement, je n'avais jamais songé un quart de seconde à passer plus de deux semaines avec lui... C'est drôle, quand même !

« Trop amoureuse pour me marier »

— *Dans* Attentat, *vous revenez sur la notion de fatuité avec une rare violence à l'égard du sexe masculin :*

« J'aurais dû lui parler de cette fatuité grotesque à laquelle aucun mâle ne déroge, de la muflerie dans laquelle les plus polis ne manquent jamais de sombrer. J'aurais dû lui montrer enfin leur laideur, car les hommes sont laids, toujours laids, même si cela se voit moins que dans mon cas[1]*. » J'aurais tendance à plaider ma cause d'homme et affirmer qu'ici, vous exagérez un peu. Ai-je tort ?*

— C'est Épiphane, tout de même, qui parle là ! Il ne faut pas oublier qu'il est moche comme un pou, il plaide sa cause ! Je vous rassure : il y a des hommes que je trouve extrêmement beaux ! Il y a aussi des femmes que je trouve absolument moches, même beaucoup !

— *Vous allez vous marier, un jour ?*

— Non.

(*Rires.*)

— *Vous êtes contre le mariage ?*

— Non, je ne suis pas contre le mariage. Je pense qu'il y a des gens à qui cela convient, tant mieux pour eux. Qu'ils le fassent. Moi, je suis beaucoup trop amoureuse pour me marier.

— *Je ne vois pas en quoi être trop amoureuse vous empêche de vous marier ?*

---

1. *Attentat*, p. 107.

— Si l'on sent que le mariage convient à son amour, il est tout à fait raisonnable de se marier. Je sens que cela ne me convient pas personnellement. Autrement dit, je n'aime pas les contraintes.

— *Même pas vous marier dans la forêt, à la celte ?*

— Cela, on peut considérer que c'est fait depuis longtemps. Ce n'était pas dans la forêt, mais…

— *De quoi aimeriez-vous parler, là, tout de suite ?*

— De la place des adverbes dans les phrases, du printemps, de la chasse à l'abeille…

— *Et puis de Godiva : « Eh bien quoi, les Anglaises ? Il y a lady Godiva*[1]. »

— C'est une histoire anglaise. Cela se passe dans une ville assiégée. Au terme d'un long siège, la ville a dû rendre les armes. Et le seigneur qui a capitulé, lord Godiva, supplie l'envahisseur victorieux d'épargner sa cité et ses gens. L'envahisseur accepte, mais à une seule condition : que lord Godiva demande à son épouse de faire le tour de la ville totalement nue sur son cheval. Or, lady Godiva, non seulement est d'une grande beauté, mais en plus a une réputation de

1. *Le Sabotage amoureux*, p. 131.

pureté sans tache. Malgré sa pudeur extrême, elle accepte.

Mais, déjà, Dieu l'a presque sauvée car elle a de très, très longs cheveux, des cheveux magnifiques, d'ailleurs. Ce qui fait que, même nue, on peut dire qu'elle semble vêtue. D'autre part, quand les gens de sa ville apprennent qu'elle va faire ce sacrifice pour eux, ils s'accordent pour fermer leurs volets lorsqu'elle apparaîtra sur son cheval. Personne ne la regardera. Mais il y a eu une seule exception. Un homme de la ville, prénommé Tom, assez vulgaire, a ouvert ses volets et regarde les yeux de lady Godiva. Heureusement, elle est couverte de ses très longs cheveux et le voyeur en est pour ses frais.

Depuis lors, on l'a nommé Peeping Tom – « Tom l'épieur » – à jamais. L'histoire est vraie.

3

Philosophons

MICHEL ROBERT : *Dans* Hygiène de l'assassin, *votre héros qualifie un journaliste de «pauvre garçon». Les journalistes seraient selon vous des «pauvres garçons»?*

AMÉLIE NOTHOMB : Il est certain que je n'aimerais pas du tout être journaliste. Comme pour tous les êtres humains, il y a des journalistes formidables et des médiocres qui font la majorité. Cela étant, j'ai rencontré des journalistes merveilleux qui étaient faits pour ce métier que, vraiment, je détesterais faire.

— *Pourquoi?*

— Je déteste devoir poser des questions à quelqu'un. J'adore connaître les gens, mais me trouver dans la situation professionnelle de devoir les connaître… Excusez-moi, je ne dis pas du tout cela pour vous attaquer, mais… J'aime beaucoup être amoureuse, mais imaginez que cela soit mon métier, d'être amoureuse… Eh bien, ce serait exactement le même phénomène !

— *Vous me disiez ne pas lire souvent la presse.*

— Je la lis peu, parce que j'ai vraiment un blocage avec elle. Les trois quarts du temps, je la trouve illisible. Les magazines, je ne parviens même pas à les ouvrir. C'est que vraiment j'ai une répugnance !

« Un naturel généreux »

— *Vous êtes ce que l'on peut appeler une des coqueluches littéraires les plus en vue sur la place parisienne. La presse fait souvent écho à vos livres, mais également à tous vos faits et gestes. Cela vous gêne-t-il ?*

— Ce sont des choses qui occupent beaucoup de temps de ma vie, au sens chronologique, et qui, finalement, n'occupent aucun temps au sens affectif. Comme je n'y pense jamais, je ne veux pas dire que je ne m'y investis pas, je m'y consacre autant que je peux, mais…

— *C'est un temps qui n'existe pas…*

— Voilà. Dans l'absolu, j'aime bien les contacts humains. J'aime faire de nouvelles rencontres.

Voir si ce quelqu'un en vaut la peine ou non... Cela m'a déjà fait vivre de très belles choses. J'ai rencontré des gens merveilleux comme cela. Mais, de toute façon, j'ai accepté pleinement les règles du jeu.

— *Néanmoins, vous devez être parfois fatiguée de tout cet investissement relationnel...*

— Oui, c'est vrai. Fatiguée, parce qu'en effet cela prend beaucoup d'énergie. Mais je crois que j'ai un naturel généreux. Nous parlions de la solitude : eh bien, je n'oublierai jamais que, pendant dix années de ma vie, je n'ai pas eu d'amis, ni d'amies.

— *Quelle est la vente moyenne de chacun de vos ouvrages ?*

— J'ignore le chiffre exact, mais il ne cesse d'augmenter ! *Stupeur et Tremblements*, par exemple, six mois après le lancement, était à cinq cent mille exemplaires vendus...

— *Certains affirment que vous êtes un produit marketing fabuleux. Cela vous choque-t-il ?*

— C'est de la bêtise ! Mais cela ne me choque pas. Je deviens vraiment blindée contre ce genre d'attaques. J'en entends tellement... De toute façon, je suis devenue extrêmement positive en interview. Je suis interrogée tout le temps par des journalistes qui lancent toutes sortes d'informations à mon sujet. Ma politique est de dire « oui, absolument », en toutes circonstances. Même devant les choses les plus insensées.

L'autre jour, j'étais invitée à une émission littéraire française. À ma venue, la journaliste intervient en disant : « Et voici Amélie Nothomb… qui adore les bonnes bières et la crème chantilly ! » Je lui réponds affirmativement, tout en me demandant où elle a obtenu de pareilles informations !

J'ai opté pour la positivité pure et simple. L'autre jour, je passais sur une émission radiophonique : « Et voici Amélie Nothomb, le célèbre écrivain flamand… ! » Je n'ai pas corrigé ce qui venait d'être dit. Je dis oui à tout, maintenant.

« Je ne suis pas une intellectuelle »

— *Que pensez-vous des intellectuels, en général ?*

— Je pense que la figure de l'intellectuel telle qu'elle existe aujourd'hui, qui a été créée par Sartre, en fait, est une figure un peu dérisoire, très stérile et surtout autosuffisante. Je ne suis certainement pas une intellectuelle !

— *À propos de Sartre, vous écrivez dans* Hygiène de l'assassin *: « Prenons un écrivain qui a une très bonne* *plume, fournissons-lui de quoi écrire. Avec de solides couilles, ça donnera* Mort à crédit. *Sans couilles, ça donnera* La Nausée. *» Vous ne semblez pas aimer grandement le concepteur de l'existentialisme...*

— C'était un homme très intelligent, mais je pense qu'il a beaucoup nui à notre civilisation. Sans vouloir polémiquer, je ne nierai pas non plus que Sartre était un esprit brillantissime, hyper-intelligent. Là n'est pas la question. Mais je le juge à son efficacité. Tout cela doit partir d'un très noble idéal, mais... Non seulement les intellectuels sont stériles, mais – et c'est plus grave encore – je pense que ce sont des gens nuisibles.

— *Je ne vous comprends pas...*

— Souvent, le fait que des génocides deviennent possibles dans certaines contrées me semble être favorisé par le fait qu'il existe des intellectuels... Je sais qu'ils ont été persécutés dans nombre de régimes. Je suis tout à fait contre cela, bien sûr, mais je crois qu'ils sont quand même très largement responsables de ce qu'ils dénoncent.

— *Vous rejoignez là l'avis de l'écrivain serbe Vidosav Stevanović, qui affirmait le 15 avril 1999 dans* Libération *: « Le programme nationaliste qui a déclenché les conflits dans l'ex-Yougoslavie a été rédigé par les* *intellectuels d'abord en Serbie, et ensuite dans les autres républiques. Les politiciens ont suivi.»*

— En effet. Les intellectuels sont en grande partie responsables du monde comme il est aujourd'hui. Leur dénonciation est stérile. Voyez ce qu'il se passe, ils n'ont rien empêché; ce qu'ils ont suscité dans tous les cas a fini par être nuisible…

— *Mais prenons un seul exemple contraire: Zola. S'il ne s'était pas indigné, le sort de Dreyfus aurait été bien différent…*

— Je ne dis pas que, ponctuellement, ils ne se battent pas pour de justes causes, mais pour ce qui est de l'évolution de la société… On a bien sûr le droit, sinon le devoir d'indignation, mais la façon dont les intellectuels l'ont manifesté m'a en tous les cas semblé inopérante. Je pense en particulier à tout le maoïsme parisianiste qui a sévi pendant les années 1970. C'était une chose absolument monstrueuse. Posté à Pékin de 1972 à 1975, mon père vivait une situation impensable. C'était l'époque de la «bande des Quatre», qui pratiquait un régime politique ab-o-mi-nable! Sans cesse, mon père avait à recevoir des fractions intellectuelles parisiennes du maoïsme venues lui dire: «Quelle chance vous avez de vivre dans ce pays remarquable, qui est un exemple pour le reste de l'humanité ! » Mon père leur répondait timidement que tout n'était pas si bien qu'il leur semblait… Et on le traitait de sale fasciste ne méritant pas de vivre dans ce pays magnifique ! C'est un mouvement qui a sévi pendant dix ans au moins.

— *C'est ce mensonge généralisé, représenté par le discours officiel d'alors, que Simon Leys, votre auteur contemporain préféré, a voulu dénoncer dans son essai* La Forêt en feu[1].

— Absolument. Simon Leys est l'être vivant que j'admire le plus au monde. Ce compatriote est d'une intelligence phénoménale et d'une honnêteté totale. C'est de plus un immense écrivain. Il a été le Soljenitsyne du maoïsme. Qui plus est, c'est un très grand sinologue.

— *Dans* Les Catilinaires, *vous écrivez : « Dès que la bonté entre dans le domaine de l'admirable, elle n'est plus de la bonté. »*

— Alors là, c'est ma conviction. Dans *Péplum*, j'en parle beaucoup. Tous ces palabres humanitaires et ces émissions télévisées obscènes n'ont rien à voir avec la bonté. C'est de la propagande.

— *Vraiment ? Cet avis n'est-il pas un peu excessif ?*

1. Hermann, 1983.

— Il est évident que si ce genre de manifestation télévisuelle permet aux associations humanitaires de gagner de l'argent, c'est une bonne chose. Mais on ne m'ôtera pas de l'idée que les vagues artistes qui participent à tout cela le font plus pour leur autopromotion que pour ces grandes causes.

De l'intelligence

— *Bon, parlons d'autre chose. J'ai entendu dans votre bouche une formule de Barthes que je trouvais bien agréable…*

— « La bêtise des gens intelligents est fascinante ! »

— *Formule que vous avez, d'ailleurs, utilisée par la suite pour l'écriture de* Péplum.

— Tout à fait ! Voyez comme notre conversation ne reste pas lettre morte !

— *Rencontrez-vous souvent des gens intelligents dans votre entourage ?*

— Je crois avoir rencontré quelques personnes sublimes sur terre. Mais, mis à part ces quelques personne, j'ai rencontré parmi les écrivains, et dans le monde littéraire en général, tant d'horreurs…

— *Vous écrivez, dans* Péplum, *être «allergique aux premiers de classe».*

— J'y suis très allergique, c'est vrai. Physiquement, dans leur comportement, on les reconnaît. Et puis, quelque part, ce sont souvent des imbéciles.

— *En classe, étiez-vous toujours bonne dernière?*

— Non, mais je ne me souviens pas avoir fait beaucoup de flammes.

— *En lisant* Péplum, *on se rend compte que, pour vous, intelligence rime avec émotion…*

— Je crois qu'il y a beaucoup de formes d'intelligence. Il y en a qui sont apparemment exemptes de sensibilité. Ces intelligences-là, qui correspondent souvent à des quotients intellectuels élevés, ne m'impressionnent absolument pas. Les intelligences qui me séduisent sont celles qui ont pour moteur la sensibilité, ou celles qui vont de pair avec une très grande finesse.

— *Dans le magazine* Science et Vie, *on a affirmé que Freud s'était trompé. Dans une autre revue, j'ai lu tout un dossier sur la contradiction de la philosophie cartésienne. On a l'impression, aujourd'hui, que les différents théoriciens de ces derniers siècles sont remis en question, comme si l'on souhaitait démontrer que toute la philosophie d'hier avait fait fausse route…*

— Oui, c'est très à la mode.

(*Rires.*)

— En même temps, je ne suis pas absolument pour, mais pas absolument contre. Freud et Descartes sont des gens tellement intelligents que même si on leur donne tort, cela ne change rien au fait qu'ils ont tellement compté. Il y a quand même quelque chose de bien dans la science, sinon même de merveilleux, c'est que l'on peut être réfuté, on peut être falsifié sans pour autant être considéré comme un imbécile. C'est bien !

«Je pense énormément à la mort»

— *Vous écrivez dans* Péplum *que le chiffre 4 est le seul à donner accès à la totalité de l'univers... Pourriez-vous m'éclairer à ce sujet?*

— Le grand mathématicien Georges Ifrah, qui a écrit un livre sur les chiffres, est arrivé à établir que le chiffre 4 est un chiffre frontière. C'est tout à fait vrai ! De 0 à 4, on n'a pas besoin de compter pour savoir, par exemple, que l'on a devant soi quatre objets. À partir de cinq, il faut compter. Quatre est donc la limite de la perception. Et il est vrai qu'avec quatre, on possède l'ensemble des points cardinaux, qui nous permettent de nous repérer dans l'univers.

D'autre part, le chiffre 4, par instinct, a toujours été mon chiffre préféré. C'est aussi parce que je hais le chiffre 2 !

— *Vous haïssez le 2 ?*

— Oui, le chiffre 4 est la parodie, la moquerie du 2. Je déteste les dualismes. L'immense majorité des problèmes de l'humanité viennent du et des dualismes. Le chiffre 4 démolit le dualisme, parce qu'il peut diviser chaque catégorie en deux. C'est un peu ce que font le yin et le yang : dans le bien, il y a le mal et vice-versa.

— *Pensez-vous à la mort ?*

— Je pense énormément à la mort, mais pas du tout la mienne. Je m'inquiète beaucoup de la mort des gens qui comptent pour moi. C'est une obsession depuis que j'ai trois ans.

— *Vous n'avez pas peur qu'un jour la mort vous happe et vous arrête dans votre élan créatif ?*

— Peu importe ! Vous ne pouvez pas imaginer toutes les vies que j'ai vécues… Je n'ai pas perdu mon temps ! L'idée de mourir m'apporte du réconfort. Au plus fort de mes angoisses, qui sont quotidiennes, je me réconforte en pensant qu'un jour ce sera fini.

— *Dans* Métaphysique des tubes, *vous comparez la mort à un plafond.*

— Oui, beaucoup de gens s'y sont retrouvés. J'ai eu beaucoup de témoignages de gens qui avaient passé des séjours dans le coma à l'hôpital… Allez-y, je vous en prie.

— *Non, c'est bon, j'ai mon cendrier de poche !*

— Ah, parfait… Quand il n'y a plus rien d'autre à faire que contempler le plafond au-dessus de soi, c'est que l'on est mort. C'est clair.

— *Que vous évoque l'idée du suicide ?*

— Je vous dirais que tout dépend des cas ! Dans l'absolu, je ne prône certainement pas le suicide. Je pense que, autant que possible, c'est une chose qu'il faut éviter. Parce qu'il ne faut pas être égoïste et parce que, parfois bien malencontreusement, il y a toujours quelqu'un qui tient à vous sur terre, et c'est à cette personne-là qu'il faut penser.

— *Mais… ?*

— Mais il y a des cas ! Je me souviens – je ne crois pourtant pas être un être particulièrement mauvais – d'avoir pensé pour quelques personnes qu'elles feraient une bonne action en se suicidant ! Prenons quelqu'un de très malheureux qui rend lui-même tout le monde malheureux : il ferait sans doute une meilleure affaire pour lui et pour les autres de mettre immédiatement fin à ses jours !

— *N'avez-vous jamais eu envie, vous, de vous suicider ?*

— Cela m'est arrivé. Mais c'est une chose que je ne ferai jamais.

De l'avenir

— *Vous projetez-vous dans l'avenir ? Dans dix ans, par exemple, comment vous voyez-vous ?*

— C'est la dernière chose à laquelle je pense. L'avenir est une dimension qui manque totalement dans mon esprit. Je vis très fort au présent et je songe aussi énormément au passé. Demain est tellement difficile à concevoir qu'après-demain me semble bien lointain.

— *Néanmoins, vous avez tout de même un avis sur ce nouveau siècle, une sorte d'intuition féminine sur le proche avenir de notre société ?*

— Franchement, je ne parviens pas à imaginer ce que cet avenir pourrait être. Quand je m'y exerce, je pars dans des délires comme dans *Péplum*, qui n'a pas la prétention de faire un tableau réel de ce qui sera, même si je crois que certaines lignes sont exactes, comme l'avenir du Sud – de l'Afrique, particulièrement. Économiquement, il n'est pas prévu que le Sud doive subsister encore longtemps, et comme tout est régi par l'économie aujourd'hui…

Je dois dire en plus que j'ai tellement peur… On dirait qu'il y a quelque chose en moi qui se refuse à imaginer ce que sera le futur. Ce n'est pas du tout que je tienne au monde tel qu'il est jusqu'ici, mais seulement, j'ai bien peur qu'on aille vers du pire…

— *Est-ce que la politique vous intéresse ?*

— On n'a pas le droit de ne pas être intéressé par la politique. Si j'ai des convictions dans ce domaine, elles sont extrêmement banales et modérées. J'ai vécu dans bon nombre de pays démocratiquement troublés tels que la Chine, la Birmanie et le Laos. Cela fait de moi, bien sûr, une ennemie des régimes totalitaires, ainsi que de l'extrême gauche. La droite ne me séduit pas davantage. Je suis centriste sans avoir de grandes idées politiques. Le seul rôle que je pourrais avoir dans ce domaine est un droit et surtout un devoir d'indignation, nous en avons déjà parlé.

— *J'ai lu dans* Le Figaro *du 19 août 1998 que vous estimiez que le président Clinton avait mauvais goût en matière de femmes, qu'il semblait avoir un faible pour les poupées gonflables… Quel est votre avis sur ce déballage de plus en plus fréquent de la vie privée des hommes politiques ?*

— Écœurant, ridicule, on vit dans un monde de plus en plus indigne. Mais ce sont là des lieux communs.

« L'Europe est un désastre ! »

— *Parlons de la Belgique, ce pays qui est en transformation continue depuis près de trois décennies. D'un pouvoir national centralisé sans doute à l'excès, la Belgique passe peu à peu à un système de pouvoirs régionalisés dont s'accaparent la Wallonie, la Flandre et Bruxelles. Grand nombre de nos concitoyens s'interrogent sur l'avenir même de cet État et beaucoup craignent sa disparition. Cette crainte ne semble pas, selon vous, fondée.*

— Qui parle de séparatisme ?

— *La presse, certains hommes politiques et de « simples » citoyens.*

— Écoutez, je ne suis un mage en aucun domaine, et encore moins en politique. Donc, je ne sais vraiment pas si la Belgique existera encore demain. Je crois seulement qu'il vaut mieux qu'elle continue à exister. Je pense que s'il devait y avoir schisme, il aboutirait à pire que ce qui existe aujourd'hui. Je suis profondément pessimiste, mais dans certains cas, de deux maux, il faut choisir le moindre. Et le moindre serait en l'occurrence la Belgique unitaire.

Il ne suffit pas d'avoir un noble idéal, il faut encore le servir intelligemment. C'est très important. Il y a cette phrase chinoise que j'estime essentielle : « Délivrez-nous des idiots pleins d'initiatives. »

— *Quel est votre avis sur ce courant nationaliste que l'on observe dans l'Europe entière aujourd'hui ?*

— Je désapprouve et en même temps je comprends. Je suis proeuropéenne. Néanmoins, l'Europe telle qu'elle existe est un désastre ! Je comprends très bien ces gens, même si je désapprouve totalement ce qu'ils font.

— *Pensez-vous que l'artiste ait un rôle politique à jouer dans la société. ?*

— Dans son ensemble, sans aucun doute. Se retirer dans sa tour d'ivoire est aussi une attitude politique. Ce comportement n'est probablement pas celui que j'admire le plus – même s'il faut bien reconnaître qu'il me ressemble pas mal –, mais il est incontestablement politique.

Kundera est un exemple d'écrivain qui, tout au long de son œuvre, a démonté le mécanisme des aliénations et des exils du monde contemporain. Il est l'exemple d'un artiste qui exprime un certain état politique. Mais, quant à savoir si le fait de l'avoir exprimé va pouvoir changer quelque chose, là, je suis beaucoup plus pessimiste.

— *Le fait d'écrire des livres qui ont un sens, si l'on vous suit, est déjà un acte politique. Dans* Péplum, *par exemple, vous portez un jugement sur notre société lorsque vous faites affirmer au personnage de Celsius que nous vivons une époque de l'irresponsabilité.*

— Cela me paraît clair, en tous les cas. Ceci dit, la responsabilité, ou ce que Celsius appelle la responsabilité du XXIe siècle, ne me paraît pas une solution pour autant. Il appelle « responsabilité » le fait de pouvoir aller jusqu'au génocide… Mais je n'ai aucune solution à rien. Vous pensez bien que si j'avais des solutions à proposer aux malheurs de l'humanité, je ne serais pas un pauvre petit écrivain !

— *Il ne vous est vraiment jamais venu à l'idée de vous engager plus concrètement dans un quelconque combat idéologique ?*

— En tous les cas, je crois qu'il ne faut pas s'engager naïvement. On peut faire beaucoup plus de tort que de bien à certaines causes, si on les soutient maladroitement. Quant à moi, je sais très bien qu'il y a une seule chose que je fais à moitié bien, c'est écrire. Si l'on me demande de m'investir dans d'autres activités, je risque immanquablement d'être dérisoire !

— *Mais vous demande-t-on d'intervenir pour certaines causes ?*

— On me le demande périodiquement. Si la cause m'agrée et s'il ne s'agit que de signer, je réponds positivement à la demande. En vérité, ce sera toujours sans réel engouement, parce que j'estime que c'est un peu futile. Si, par contre, on me demande de participer activement à des causes, je refuse. Et je l'explique en disant que ce n'est pas que la cause ne m'intéresse pas, mais que je pense lui nuire plus qu'autre chose. Demandez-moi de parler de votre cause, le risque serait grand que je la déshonore ! Laissez-moi plutôt écrire mes livres de mon côté, qui, de toute façon, d'une manière ou d'une autre, s'expriment quant à la société. C'est peut-être là que j'ai le plus de chance de servir à quelque chose !

4

Tous les pays du monde

MICHEL ROBERT : *Vous m'avez affirmé avoir vécu dans tous les pays du monde !*

AMÉLIE NOTHOMB : J'ai un peu exagéré. Outre deux ans à New York, j'ai vécu dans presque tous les pays d'Extrême-Orient. L'Asie est liée à ma vie d'enfance, elle me passionne. L'Europe, j'ai appris à l'aimer pour dix mille raisons… Ce n'est pas que j'estime que l'Amérique du Sud et l'Afrique ne soient pas intéressantes, mais je n'ai aucune attache avec ces continents, c'est tout.

— *C'est le Japon qui semble vous avoir le plus impressionnée.*

— Oui, parce que c'est le pays où j'ai le plus vécu. Je parle le japonais et… oui, c'est le pays qui m'a le plus marquée.

— *Vous écrivez dans* Attentat *qu'« il n'y a pas plus lointain, plus "hors du monde", comme dirait Baudelaire, que le Japon*[1] *»*...

— Absolument. J'ai beaucoup voyagé dans ma vie et partout j'ai rencontré des êtres humains assez proches des Occidentaux, comme les Chinois par exemple. Ce n'est pas le cas des Japonais, qui appartiennent au pays le plus exotique que j'aie découvert.

Tous les peuples de la terre ont un sacré point commun, c'est qu'ils vivent dans l'idée du bonheur. Cette notion n'existe pas dans la tradition des Japonais. Au Japon, les valeurs principales sont l'honneur, la réussite du groupe. Comme la notion d'individu est obsolète chez eux, la notion de bonheur ne peut pas exister non plus.

La bouche des carpes

— *Je vous sais très animalière. Au Japon, quel est l'animal qui vous a le plus frappée ?*

— C'est peut-être le seul animal qui me dégoûte, qui est en fait un poisson : la carpe. Je me souviens, à l'âge de quatre ans, avoir fait une tentative de suicide, la seule de ma vie, à cause

1. *Attentat*, p. 170.

de la bouche des carpes. Nous vivions dans une ravissante maison dans les alentours de Kobe, maison qui est aujourd'hui rasée depuis le dernier tremblement de terre. De cette construction dépendait un charmant jardin où se trouvait un étang de pierre, un étang artificiel dans lequel évoluait, comme dans tous les étangs japonais, un élevage de carpes de toutes les couleurs. Rien n'est plus ravissant que les couleurs d'une carpe, surtout quand il y a tout un assemblage. Mais à mon sens, rien n'est plus répugnant que la bouche d'une carpe ! C'est très curieux, c'est comme s'il y avait une obscénité dans leur bouche…

— *Mais pourquoi avoir tenté de vous suicider à cause de la bouche des carpes ?*

— Eh bien, j'avais quatre ans. J'étais toujours entourée de deux gouvernantes, une méchante et une gentille. Une qui m'aimait et une qui me détestait. Ce jour-là, c'était la méchante gouvernante qui était à mes côtés. J'étais allée donner à manger à ces carpes et je restais hypnotisée par leur bouche… Cela serait peut-être très digne de Mishima que d'avoir dit que j'ai voulu mourir à cause de la laideur de la bouche des carpes ! Mais ce dont je me souviens, c'est que, tellement dégoûtée de ce que j'avais vu, je me suis laissée tomber la tête la première dans cet étang très peu profond, ma tête heurtant le fond. J'étais assommée. Je me souviens parfaitement de ce moment, je contemplais le ciel et je voyais les carpes qui passaient autour de moi. Je me disais : « Tiens, je suis dans l'eau, je ne respire plus... »

— *Quelle horreur... vous mouriez !*

— La méchante gouvernante, qui me surveillait de loin, s'est rapprochée de l'étang. Elle m'y a vue, mais elle ne m'a pas sauvée. D'abord, parce qu'elle ne m'aimait pas, mais en plus, parce qu'il est contraire aux traditions japonaises de sauver la vie de quelqu'un. On considère que la pire chose que l'on puisse faire à un être humain, c'est de lui sauver la vie. Ma mère n'était pas censée être là, mais elle l'était cet après-midi. Elle s'inquiéta de mon absence auprès de cette gouvernante, qui lui répondit placidement que j'étais au fond de l'étang ! « Quoi ! Et vous ne la sauvez pas ? – Mais non, cela ne se fait pas ! » Ma mère courut alors me repêcher. J'avais perdu énormément de sang. J'en ai gardé une cicatrice, d'ailleurs. On me transporta à l'hôpital d'urgence. J'étais sauvée. Voilà pour la bouche des carpes.

— *Sous une forme différente, vous narrez cette expérience dans* Métaphysique des tubes, *où vous informez vos lecteurs que ce poisson est le symbole des garçons.*

— Étrange...

— *La bouche des carpes vous effraie donc.*

— Oui.

— *Et la bouche des garçons ?*

(*Rires.*)

— Oh, j'adore ! Rassurez-vous, la bouche des garçons ne ressemble pas du tout à la bouche des carpes. Vraiment.

« Qui a envie d'être japonais ? »

— *Vous êtes née à Kobe, en 1967, et y avez vécu vos cinq premières années. Outre la bouche des carpes, quels souvenirs d'enfance en gardez-vous ?*

— Il y en a tellement… Tenez, celui-ci : à quatre ans, j'étais dans un jardin d'enfants qui se trouvait dans la montagne. J'y étais la seule Blanche et je redoutais sans cesse que cette différence ne me joue quelque tour. Ce qui devait se passer se passa : on m'a trouvée un jour dans la cour de récréation sous tous les enfants. Ils étaient sur moi et m'avaient déshabillée pour s'assurer que j'étais bien blanche sur tout le corps ! Je garde des souvenirs terrorisés de cette institution où les enfants devaient porter des sortes de costumes militaires avec des petits képis. Je m'en suis enfuie plusieurs fois !

— *Et quels sont les souvenirs plus positifs ?*

— Tout était tellement beau... Je puis vous dire que j'ai eu ma première crise de nostalgie aiguë lorsque j'ai appris que l'on allait aller s'installer en Chine l'année suivante. Cela m'a fait un coup terrible, mon univers s'écroulait. Je me souviens, j'étais à la plaine de jeu, au bac à sable, et je commençais à sauter sur le petit mur en me faisant rentrer dans le crâne : « À partir de maintenant, tu dois te souvenir de tout, parce que tu es l'être le plus important du monde ; et si tu ne t'en souviens pas, tout sera perdu pour toujours. » J'étais très exaltée et, en même temps, je vivais ma première crise de nostalgie aiguë, qui est l'un des traits profonds de ma personnalité.

— *Comment pouvez-vous être nostalgique, alors que l'on vous sent respirer le bonheur ?*

— Oui, c'est absurde, vous avez tout à fait raison. Mais j'ai une tendance naturelle qui me pousse à regretter le passé, et surtout le lointain passé. J'aurais un côté lamartinien, sans cesse à sangloter sur le passé révolu, sur les amours passées, au lieu de voir les amours présentes. Ce n'est pas très rationnel, je l'avoue.

— *Vous semblez ne pas considérer les bambins comme des êtres angéliques. Dans* Le Sabotage amoureux, *vous écrivez : « Prenez une ribambelle d'enfants, de toutes les nationalités : enfermez-les ensemble dans un espace exigu et bétonné. Laissez-les libres et sans surveillance. Ceux qui supposent que ces gosses se donneront la main avec amitié sont de grands naïfs*[1]. »

— Parler de la cruauté de l'enfant me paraît être une évidence. Enfant, on est en effet naïf et innocent. Le fait d'être innocent ne signifie pas que l'on soit nuisible. Mon point de vue est totalement opposé à celui de Rousseau. Je pense que l'être humain naît agressif, et que la civilisation, la société l'aident à apaiser cette agressivité naturelle. Ceux qui affirment que l'enfance est un âge rose et tendre sont tout simplement ceux qui ont oublié la leur. Ils sont en réalité victimes d'une espèce de refoulement qui se fait lors de la puberté.

— *Vous êtes allée au Japon dernièrement. Quelle est votre appréciation de la société japonaise d'aujourd'hui, par rapport à la nôtre ?*

— Il y a des choses extraordinaires au Japon, mais je crains malheureusement que la notion de sagesse orientale soit à mettre au passé. Le Japon est une société plus délicate. Mais qui, d'entre les Occidentaux, a envie d'être japonais ? La société japonaise n'est pas un modèle, pour la simple

1. *Le Sabotage amoureux*, p. 21.

raison que, si désastreuse soit notre situation ici, je crois qu'individuellement nous avons plus de chance d'être heureux que les Japonais dans leur ensemble.

Je retiendrai néanmoins quelque chose de très positif de ce pays, c'est qu'il y existe un respect et un réel engouement pour tout ce qui a trait au monde artistique. Au Japon, tout le monde vit dans une situation d'esclave – on comprend que le taux de suicides y soit le plus élevé au monde –, sauf les artistes qui ne connaissent pas du tout la vie dure que l'on constate chez nous. Il suffit d'être un artiste au Japon pour devenir automatiquement quelqu'un de respecté, d'honorable et de riche. Il y aura de toute façon quelqu'un pour acheter ce que vous faites, même si vous n'avez aucun talent !

— *Mais hors le statut des artistes, il y a bien autre chose que vous aimez au Japon, puisque vous assurez que ce pays est celui qui vous a le plus marquée ?*

— Lorsqu'on est au Japon, on retrouve une certaine saveur à la civilisation occidentale. Néanmoins, il y a beaucoup de choses merveilleuses là-bas. Le milieu des affaires y est épouvantable, j'y fais référence dans *Stupeur et Tremblements*, mais il existe encore un vrai vieux Japon, du moins des traces et des vestiges de ce pays qui font que, malgré tout, j'en suis amoureuse.

— *La famille royale de Belgique est, paraît-il, très liée avec la famille impériale du Japon. Feu le roi Baudouin entretenait une relation très amicale avec l'empereur qui, dit-on, est un artiste, un violoniste…*

— C'est vrai. Mais c'est considéré comme un secret d'État, alors… Tout ce qu'il y a de plus honorable, rassurez-vous !

— *Si c'est honorable, pourquoi ne pas le dire ?*

— Parce que mes parents ont dit que c'était indiscret et que je ne pouvais pas le dire !

« Une méfiance viscérale à l'égard de la Chine »

— *De cinq à huit ans, vous viviez à Pékin. Quelle fut votre réaction quand, en 1989, le pouvoir en place a intimé l'ordre de réprimer le mouvement des étudiants sur la place Tian'anmen ?*

— Une indignation totale, d'autant plus que cela n'a empêché aucun gouvernement du reste du monde de continuer à nouer des alliances économiques avec la Chine. Mais, en même temps, une profonde absence d'étonnement, quelque part. Chaque fois que j'entends dire que la Chine s'ouvre et se démocratise, je ne sais pas pourquoi, j'ai des doutes...

Je dois préciser néanmoins qu'en tant que Japonaise – parce que, malgré tout, le fond chez moi est japonais –, j'ai toujours une attitude de méfiance viscérale envers la Chine. En l'occurrence, cela n'est certes pas parole d'évangile. Quelqu'un qui, spirituellement en tout cas, a épousé la cause japonaise ne peut jamais être tout à fait positif envers les Chinois.

— *Ce « racisme » entre Chinois et Japonais serait donc toujours d'actualité ?*

— Mais comprenons-nous bien, ce n'est pas un véritable racisme. Les Japonais sont mille fois plus racistes, par exemple, à l'égard des Occidentaux qu'envers les Chinois. Il y a chez les Japonais un mélange d'admiration et de méfiance viscérale à l'égard de la Chine, et c'est mon cas également.

— *Pourquoi ? Par peur de leur hypothétique hégémonie ?*

— Mais oui ! Il y a, bien sûr, leur nombre, mais également leur structure sociale qui est si profondément ingénieuse et brillante, comme l'est leur système juridique ou économique, si bien qu'ils finiront tôt ou tard par devenir les maîtres du monde.

Or, ni vous ni moi n'avons envie de vivre comme les Chinois. Ils ont un mode de vie qui n'est pas le nôtre et dont nous ne voudrions pas. Le jour où ils nous domineront, je ne suis pas sûre que nous rigolerons beaucoup. Les Japonais, eux, sont bien moins nombreux avec leurs cent vingt-cinq millions d'habitants et, de plus, ils sont moins doués.

— *Lors d'une interview, vous avez parlé de la Chine et de son «ghetto infâme de diplomates»...*

— Il est clair que l'endroit où nous vivions de 1972 à 1975 à Pékin était un ghetto infâme de diplomates. Déjà, esthétiquement, il était immonde, avec ses cubes de béton d'une saleté invraisemblable...

— Le Sabotage amoureux, *avez-vous affirmé, est autobiographique. Vous y écrivez, page 11, que la Chine «a l'étonnant pouvoir de rendre prétentieux tous ceux qui y sont allés – et même tous ceux qui en parlent». Mais plus avant, page 121 : «On commence à peine à comprendre que s'intéresser à la Chine, c'est s'intéresser à soi.» Je ne comprends pas très bien...*

— Je le constate. Regardez, chaque année, le nombre de livres qui sortent sur la Chine. Il existe un pourcentage infime d'entre eux écrits par de vrais sinologues. Leur grande majorité est écrite par des gens qui, entre deux escales d'avion, ont passé trois jours à Pékin et estiment pour autant qu'ils ont bien connu et compris la Chine. On dirait qu'il y a une espèce d'adoubement dans le simple fait d'être passé par ce pays et d'en parler indéfiniment après. Cela reste la grande classe, la Chine !

— *Je crois connaître votre goût pour la gastronomie de ce pays…*

— C'est le seul pays où, à part les pierres, tout se mange ! Les racines, les lombrics poêlés à l'huile de palme ou la cervelle de singe vivant qui est l'un des huit trésors de la cuisine mandarine. Quand j'étais petite, j'ai assisté une fois, à Shanghai, à cette « dégustation ». Ce sont des tables rondes en métal au centre desquelles il y a un trou. En dessous, il y a des chaînes. On installe alors le singe vivant de manière à ce que la calotte de son crâne dépasse. Et puis on passe un grand sabre le long de la table et comme un œuf à la coque, on enlève… dois-je raconter la suite ?

— *Non, non ! Mais, lors d'une interview, vous avez affirmé qu'il est « fascinant de manger la chose vivante »…*

— Je ne parlais pas de la cervelle de singe vivant ! Mais les poissons crus que l'on mange au Japon, presque encore vivants, cela, c'est vrai, me plaît bien !

« Devenir danseuse étoile »

— *Vous avez passé deux années à New York, racontez-nous.*

— J'étais gosse. C'était de huit à dix ans. Je quittais à peine la Chine. J'ai été extrêmement heureuse dans cette ville tellement fascinante. Évidemment, j'y vivais comme fille de gens aisés, c'était le paradis ! Tout était prévu pour les enfants, c'était l'ivresse perpétuelle sans que cela soit en vase clos. Mes parents ne m'avaient pas du tout insérée, grâce à Dieu, dans le milieu diplomatique que je ne voyais pas du tout…

— *Quel était votre quotidien, là-bas ?*

— Mon ambition, à cette époque, était de devenir danseuse étoile. J'étais inscrite dans un des meilleurs cours de ballet de la ville et, dès que j'avais du temps libre, je m'exerçais. Je suis étonnamment souple, mais, d'autre part, complètement arythmique…

J'étais également amoureuse d'une danseuse de ballet à qui j'avais acheté ses chaussons. Je les mettais à mes pieds pour dormir… Mon chorégraphe préféré à l'époque était un New-Yorkais, Alvin Ailey. Aujourd'hui, c'est une compagnie québécoise, La La La Human Steps, dirigée par Édouard Lock, que j'aime vraiment beaucoup, avec cette formidable danseuse, Louise Lecavalier.

— *Vous êtes retournée dernièrement dans cette métropole américaine. Quelles en furent vos impressions ?*

— J'y suis allée avec une émotion terrible, mais, en même temps, avec une appréhension sans nom. La vie m'a appris qu'il faut faire très attention avec les villes dans lesquelles on a déjà vécu. Avant New York, je suis une seule fois retournée dans un lieu de mon enfance : c'était notre maison à Kobe. Le lieu n'avait pas changé, mais moi bien ! J'étais en plein désarroi, je ne reconnaissais rien. Le même phénomène s'est produit lors de ce deuxième séjour aux États-Unis.

— *Que s'est-il passé ?*

— Vingt ans après avoir quitté New York, je suis revenue dans cette ville qui m'est apparue tout de suite froide et hostile. Mon livre a très bien marché là-bas – ce n'est pas la question –, mais ce n'était plus du tout l'espèce de folie de mon enfance. J'avais le cœur déchiré, l'impression de piétiner les souvenirs de mes jeunes années.

— *Vous parlez anglais ?*

— Oui.

— *Et le flamand ?*

— Très mal. Je le comprends.

— *L'espagnol ?*

— Pffuit !

— *L'italien ?*

— Un petit peu.

— *Et le japonais, bien sûr.*

— Oui.

Au Bangladesh

— *De 1978 à 1980, vous êtes au Bangladesh... Vous arrivez après le putsch fomenté par Ziaur Rahman contre le président d'alors, Sheikh Mujibur Rahman. En gardez-vous des souvenirs ?*

— Nous étions là pendant la présidence de Ziaur Rahman qui, lui, était un homme admirable, un démocrate. Il n'était pas arrivé par un putsch, mais de façon parfaitement démocratique ! Il était exemplaire en ce qu'il faisait mentir une idée comme quoi, dans les pays en voie de développement, la démocratie était impossible. Malheureusement, cela n'a pas duré longtemps. Il a été assassiné en 1981 et maintenant, en effet, au Bangladesh, c'est un régime totalitaire.

— *Vous avez passé dans ce pays, paraît-il, des week-ends dans les léproseries...*

— Mon père, en tant qu'ambassadeur là-bas, accomplissait surtout des actes de type humanitaire, et l'un de ceux qui lui tenaient à cœur était la visite d'une léproserie tenue par des Belges dans la jungle. Pour les soutenir, nous allions les rejoindre presque tous nos week-ends. Mes parents trouvaient cela admirable et, de fait, ça l'était, mais je peux vous dire que, de dix à treize ans, moi, l'humanitaire... à cet âge, j'étais écœurée ! Tout ce que je voyais, c'était l'horreur organique de cette maladie. Tout le monde était lépreux, on voyait des spectacles ahurissants. Il y avait un type dont tout le nez avait été rongé par la lèpre, au point qu'on lui voyait le cerveau... De plus, cette léproserie était un endroit sinistre, sans eau ni électricité, où l'on dormait dans des cellules monacales éclairées à la chandelle... Dans notre chambre, nous nous sauvions de cette horreur ambiante par la lecture. Je me souviens que ma sœur lisait *Autant en emporte le vent*, et moi c'était *Quo Vadis*...

— *La population y est musulmane à 85 %. Quel est votre sentiment à l'égard de l'islam et du risque intégriste ?*

— En soi, l'islam est une religion que j'admire autant que toutes les autres. Il y a des choses magnifiques dans l'islam, mais l'islamisme est certainement une chose qui m'inquiète profondément, oui. Les horreurs en Algérie ou ce qui s'est déroulé à New York, par exemple, restent pour moi une source de grand effroi. Mais ce sont là encore des lieux communs.

— *Pour terminer avec vos souvenirs au Bangladesh, vous avez, je crois, une jolie histoire à nous raconter à propos d'un éléphant…*

— Oui, pour mon douzième anniversaire, mes parents m'ont offert un éléphant. Petite précision : pour vingt-quatre heures seulement ! Mais, pendant ce temps, cet éléphant fut le mien. Comme je ne voulais pas en perdre une seconde, je me suis pavanée toute la journée dans les rues de la capitale, sur le dos de cet animal. De retour à la maison, toujours sur son dos, on m'a fait monter un gâteau décoré de douze bougies que je soufflai avec gaieté. Je proposai un morceau de la pâtisserie à mon éléphant qui n'en voulut point ; il préféra se sustenter d'un bananier entier et du tuyau d'arrosage ! Lorsque l'éléphant s'est mis à genoux pour que je descende, j'ai eu l'occasion de voir le dessous de sa patte. C'est une chair plus douce et plus fragile qu'un pétale de rose. Cela m'a frappée de voir cette énorme masse portée par des pattes à la peau si sensible.

— *L'éléphant personnifie souvent la sagesse...*

— En effet, pour les avoir un peu fréquentés – à part les femelles en chaleur qui sont terribles ! –, ce sont des animaux qui respirent la sagesse. Leur relative lenteur semble pleine de réflexion. Ils ne sont certainement pas idiots et disposent par ailleurs d'une mémoire prodigieuse. Ce sont des animaux à la fois fascinants et gracieux. Je comprends très bien que les hindouistes en aient fait une divinité.

Premier amour

— *De treize à quinze ans, vous avez vécu en Birmanie. C'est l'âge où l'on s'ouvre peu à peu à l'amour...*

— Oui, c'est dans ce pays que j'ai eu mon premier amour avec un garçon. Après le premier grand amour avec Héléna, j'entends[1]. J'avais quatorze ans quand je rencontrai un jeune garçon de l'ambassade d'Angleterre. Ce fut dans la piscine de la résidence que j'aperçus ce beau petit Anglais de quinze ans. Lorsque je l'ai vu plonger, j'ai ressenti une chose des plus terrible en moi : c'était horrible, je trouvais les garçons à mon goût ! Affreux, affreux... J'en ai beaucoup souffert. Je n'ai absolument pas montré

1. Voir *Le Sabotage amoureux*.

à ce garçon ce que j'éprouvais pour lui, tellement j'en étais honteuse. Mais disons que, pendant au moins six mois, je me pâmais quand je le voyais ! Il ne s'est rien passé.

— *En Birmanie, vous étiez sans doute étudiante dans un lycée français ?*

— Non, pas dans un lycée. J'ai suivi mes premières études par correspondance avec la métropole… Autant dire que je n'ai rien fait ! N'insistons pas trop sur l'inculture de mon enfance, vous auriez d'horribles étonnements.

C'est aussi en Birmanie que je suis devenue anorexique. Ma sœur et moi avions décidé en même temps de cesser de manger. Et nous savions bien que, si nous devenions adultes, d'une manière ou d'une autre, nous finirions par être séparées… Nous étions totalement soudées. Elle est l'une des pierres angulaires de ma vie. Il ne fallait pas que nous devenions adultes, puisque cet âge ne nous disait rien et que le corps des adultes nous répugnait. Alors, c'est très simple, on s'est dit : « Il suffit de cesser de manger. » Et on s'est toutes les deux exécutées en même temps. C'était le 5 janvier 1981.

— *Comment cette anorexie s'est-elle terminée ?*

— Dans mon cas, cela s'est terminé de soi-même, mais… Disons que la phase visible de la maladie s'est arrêtée vers mes seize ans, mais il m'a fallu beaucoup d'années par la suite pour me remettre en état physiquement. J'avais une apparence normale, mais plus rien ne fonctionnait. Réapprendre à digérer, c'est toute une entreprise. Il m'a fallu un grand nombre d'années pour qu'un repas ne soit plus un moment d'angoisse : « Nom d'un chien, est-ce que je vais digérer ce que j'avale, ou bien est-ce que je vais devoir, tout de suite après le repas, foncer vomir parce que cela ne passe pas ? »

— *De quinze à dix-sept ans, c'est au Laos que vous résidez.*

— Ce pays était anciennement dénommé Lan Xang, c'est-à-dire le « Royaume du million d'éléphants ». Le communisme a décrété ces animaux contre-révolutionnaires et les a tous exterminés. L'éléphant était en effet un emblème royal.

En Chine, les maoïstes ont exterminé des races entières d'animaux qui étaient considérés comme des symboles de l'ancien régime.

— *Vous avez, je crois, une anecdote au sujet d'une rencontre avec des serpents…*

— Nous marchions beaucoup dans la jungle, en groupe. Lors d'une de ces randonnées, j'avais une heure d'avance sur le groupe, ayant marché plus vite. Il y avait là un nombre incalculable de lianes, parfois munies d'épines presque invisibles. J'avais les cheveux très longs et les avais attachés en une queue de cheval. Je traversais un ruisseau quand, passant un îlot, une liane aux épines acerbes s'empara de ma chevelure. J'étais prisonnière. Il me fallait choisir. Soit prendre des ciseaux et couper tous mes cheveux, soit rester et attendre. Je me suis dit que mes cheveux valaient bien une heure d'attente. J'attendis. Entre-temps arriva un cobra…

— *Quelle angoisse !*

— Oui. Je me disais qu'il fallait peut-être que je coupe mes cheveux pour me dégager de cette dangereuse situation. Mais quand même, j'aimais beaucoup mes cheveux ! Qu'est-ce que ce cobra allait me faire ? Il me contempla quelque temps, puis s'approcha davantage. Et c'est là que j'eus une réaction bien féminine : j'ai commencé à hurler. Le cobra a trouvé cela épouvantable et il est parti !

« Je suis fondamentalement tout terrain »

— *Vous revenez en Belgique à l'âge de dix-sept ans pour y accomplir vos études universitaires, puis pour écrire vos romans. La Belgique semble un pays qui vous inspire, qui vous a poussée à l'écriture…*

— Je peux écrire n'importe où. Une baignoire, un train… Mais il est vrai que je me sens mieux à Bruxelles ou en Belgique pour écrire. La Belgique est loin d'être le pays que j'aime le plus au monde. Mais on y est bien, on m'y laisse la paix. Plus qu'ailleurs, plus qu'à Paris, par exemple. On peut s'y cacher, ce que je fais d'une certaine façon. Mais, en règle générale, je suis fondamentalement tout terrain.

— *Aujourd'hui, néanmoins, vous êtes installée à Paris…*

— Cela n'a rien d'une trahison. Je suis toujours domiciliée à Bruxelles et je paie toujours mes impôts en Belgique. Je vous confirme que je m'y sens mieux pour écrire. Mais arrive un moment où l'on n'a plus vraiment le choix. Il faut s'adapter. J'aurais continué à vivre à Bruxelles, il aurait fallu que je prenne le Thalys aller-retour au moins cinq fois par semaine.

— *Hormis le problème du transport, vous avez sans doute eu d'autres raisons de quitter votre terre d'élection…*

— C'est vrai. Tout d'abord ma profession, et puis… l'amour. Cela fait beaucoup dans une vie. Je n'allais pas continuer à vivre à Bruxelles dans de telles circonstances. Mais, bruxelloise dans l'âme, je ne me sens pas chez moi à Paris. Bruxelles, c'est la paix, Paris, c'est la guerre. À Paris, j'ai tout le temps l'impression de me battre, de monter au front. C'est à la fois grisant et dur, que ce soit à titre professionnel ou dans la vie de tous les jours. Prendre le métro, c'est déjà la guerre. Faire ses courses, c'est toujours la guerre. À Bruxelles, on est beaucoup plus relax, on n'a pas cette impression de combat permanent pour survivre.

— *Vous me disiez que, dans le métro, les gens sont plus beaux à Paris qu'à Bruxelles…*

— C'est clair.

— *Si vous deviez présenter Bruxelles en quelques mots, que diriez-vous ?*

— J'aime beaucoup Bruxelles, mais lorsqu'on a vécu à Paris… ou autre part, on considère Bruxelles comme une ville très provinciale. Ce qualificatif n'a pas que des côtés péjoratifs, il a même de très bons côtés !

— *Audacieux tout de même d'affirmer que la capitale de la Belgique et de l'Europe est « très provinciale »…*

— Bruxelles ne semble pas être l'endroit où tout se passe. Une partie seulement. On y constate une certaine lenteur. Certaines personnes avec qui je parle à Bruxelles ne se rendent pas du tout compte de la vie que je mène en France. Et de fait, avant de venir vivre à Paris, je n'aurais pas compris non plus ce que cela voulait dire.

À Paris, tout est différent. D'abord, on ne reste pas chez soi. On est fou si l'on agit de cette manière. En réalité, on sort tout le temps. À Paris, c'est à peine si l'on mange, on n'a pas faim… On est tout le temps sur la brèche. Et puis, de toute façon, la nourriture est mauvaise ! À Bruxelles, la nourriture est bonne et on mange tout le temps.

« Le culte d'une frime ridicule »

— *Quel est l'arrondissement de Paris que vous préférez ?*

— Certains endroits du vingtième. La mode n'y est pas encore arrivée. C'est encore le vrai Paris, Paris communard bien sûr, mais tout à fait sympathique. Je ne supporte pas du tout les quartiers branchés de Paris. Les jeunes branchés du XIe arrondissement, ce n'est vraiment pas mon truc ! Cela me donne des boutons.

— *Pourquoi ?*

— Vous n'avez jamais rencontré ces gens ! Il faut les avoir rencontrés pour savoir que ce milieu est tellement creux, tellement snob, méprisant, tout en se donnant des airs très populaires, très à gauche, alors que c'est exactement le contraire. C'est le culte d'une frime ridicule qui repose sur l'argent et d'un intellectualisme totalement débile. Ce sont les branchés parisiens, en résumé.

— *Et les Halles ?*

— J'apprécie le quartier Montorgueil. C'est tout près du Palais-Royal, que j'adore et où je me rends fréquemment. Oui, le quartier du Ier et du IIe arrondissement, je l'aime tout autant.

— *Dans* Cosmétique de l'ennemi, *votre personnage principal semble éprouver une fascination pour le cimetière Montmartre. Est-ce également votre cas ?*

— À Paris, il y a deux cimetières qui sont des merveilles absolues. Le Père-Lachaise, mais cela tout le monde le sait, et celui de Montmartre qui, je l'avoue, est mon préféré et où je vais souvent errer. Il y a d'ailleurs beaucoup moins de monde là-bas qu'au Père-Lachaise. Ces cathédrales gothiques en réduction, les unes à côté des autres, sont merveilleuses.

— *Vos livres sont aujourd'hui traduits dans bon nombre de pays d'Europe et d'ailleurs, que ce soit en tchèque, hongrois, chinois, portugais du Brésil, danois ou même en espéranto !*

— Il y a, pour cette dernière langue, une anecdote amusante. Mon éditeur espérantiste est fermier dans l'Allier et m'a informée que j'étais le troisième auteur de son catalogue... après San Antonio et le marquis de Sade !

— *Vous êtes traduite en près de trente langues...*

— Vingt-sept ! C'était vingt-six jusqu'à la semaine dernière, et puis j'ai appris vendredi que le serbe s'ajoutait. Auparavant, les éditeurs étrangers, avant d'acheter mes livres, les lisaient. Cela se passe chaque année à la foire de Francfort. Cette année-ci, ils l'ont acheté sans même le lire. Un nouveau Nothomb ? On prend tout de suite !

— *Tous les voyages que vous faites aujourd'hui sont guidés par la promotion de ces traductions ?*

— C'est-à-dire que, même si parfois je suis attirée par un voyage d'agrément, je trouve toujours un moyen d'y greffer quelque chose. Par exemple, j'étais dernièrement à Barcelone. Sans y avoir d'obligations professionnelles, j'en ai tout de même profité pour aller voir deux éditeurs, espagnol et catalan.

— *Dans quel pays êtes-vous le plus lue ?*

— Jusqu'à présent, là où vraiment je « casse la baraque », c'est en Allemagne. Je me vends mieux dans ce pays qu'en France. Je suis là-bas best-seller toutes catégories ! Ne me demandez pas pourquoi, je n'en sais rien.

— *Quel est le pays d'Europe que vous préférez ?*

— La République tchèque.

— *Parce qu'elle est dirigée par l'écrivain Václav Havel?*

— Oh, ce serait déjà une bonne raison. Je crois que c'est le plus beau pays de la terre. Et, en plus, pour des raisons amoureuses…

5

Spiritus Sanctus

MICHEL ROBERT : *Avez-vous la foi ?*

AMÉLIE NOTHOMB : C'est la seule question à laquelle je refuse obstinément de répondre.

— *Même…*

— Même à vous, oui !

(*Rires.*)

— Chacun a son attitude vis-à-vis de la métaphysique. Moi, j'ai une fois pour toutes opté pour le silence et le secret absolu.

— *Néanmoins, on sent que vous possédez une certaine conviction spirituelle.*

— Je suis mystique, c'est différent. S'il fallait vraiment trouver un adjectif, mais vraiment du bout des lèvres, je dirais janséniste – le contraire de jésuite, entre parenthèses…

— *Si je me réfère à la définition même du jansénisme, vous seriez donc opposée à l'arbitraire royal et à la morale mondaine des jésuites.*

— En réalité, ma proximité avec l'esprit janséniste provient de mon admiration pour Pascal. Pour son écriture, pour sa pensée, et non pour son pari qui tend à montrer aux incroyants qu'en priant pour l'existence de Dieu, ils n'ont rien à perdre, mais tout à gagner. Je déteste cela. J'estime seulement que le terreau jésuite n'a pas donné lieu à des esprits aussi beaux que l'esprit janséniste.

— *Hormis l'esthétique spirituelle, il doit y avoir d'autres raisons qui suscitent votre intérêt pour cette doctrine ?*

— En effet, il y a quelque chose d'infâme dans le jansénisme, de monstrueux, mais auquel je crois : c'est la notion d'élection. Je suis la première à vous dire que tous les humains sont égaux, mais je n'y crois plus quand je me réfère à la réalité. Il y a des êtres que nous aimons et d'autres que nous n'aimons pas ; il y a des personnes auxquelles nous donnerions tout et d'autres qui nous sont totalement indifférentes. Nous vivons donc comme s'il y avait des élus. C'est un postulat auquel je crois.

— *Quelle injustice pour ceux qui ne sont pas élus !*

— Sans doute, mais comme personne ne croit qu'il n'est pas élu, ce n'est pas grave.

(*Rires.*)

— Mais il y a des êtres qui ont vraiment reçu quelque chose que les autres n'ont pas.

— *Et quel est ce «quelque chose»?*

— On l'appelle la grâce. Je suis prête à aimer tout le monde, cela oui, mais je ne suis pas prête à dire que tout le monde est touché par la grâce.

— *C'est quoi, la grâce?*

— C'est pratiquement indéfinissable, mais quand on rencontre quelqu'un qui a la grâce, on n'en doute pas, il l'a.

«J'aurais voulu être le Christ!»

— *Quand vous aviez huit ans, votre mère aurait perdu la foi, ce qui aurait suscité en vous un intérêt pour le dogme chrétien.*

— Je devais avoir quatre ou cinq ans. En effet, ma mère avait été éduquée par le plus strict caté-chisme, qui envoyait au diable tout ce qui ne se référait pas au catholicisme et à ses préceptes. Arrivée au Japon, elle a découvert cette civilisation admirable où le catholicisme n'avait aucune place. Se sentant flouée depuis trente ans, elle a tout envoyé promener en même temps, le dogme et la foi. Nous avions bien sûr la Bible à la maison et elle m'a avertie que, si l'envie me prenait de la lire, je devais à tout prix prendre ces textes à la légère, pour ne pas dire plus. Cela m'a intriguée, j'ai voulu en savoir plus. Je l'ai lue en cachette et cet exercice m'a procuré un plaisir certain et un intérêt qui n'a pas failli jusqu'à aujourd'hui.

— *Que voulez-vous dire par un «plaisir certain»?*

— Vous savez, je suis un être très primaire! Quand j'étais toute petite, en lisant le Nouveau Testament, j'avais l'impression de lire une grande histoire emplie de scènes d'amour! Aujourd'hui, je puis avouer que j'éprouvais un certain érotisme à la lecture de ces textes. J'étais très troublée et en même temps très gênée, parce qu'il me semblait que je me livrais à de mauvaises lectures...

La vérité, c'est que j'aurais voulu être le Christ! Je trouvais que les relations qu'il avait avec ses apôtres et avec Marie-Madeleine étaient si belles... Et j'aurais bien voulu finir crucifiée devant tout le monde et que l'on vienne me regarder mourir sur une croix...

— *Là, vous exagérez!*

— Non, je vous jure, cela me paraissait... Je ne peux pas l'expliquer, cela me paraissait magnifique. Je crois sincèrement que je ne faisais pas très attention au message chrétien, mais davantage aux situations en tant que telles, qui m'attiraient beaucoup.

Tant sous l'angle sadomasochiste que sous l'angle purement amoureux, il y aurait beaucoup à dire. Les rapports entre le Christ et ses apôtres ou avec Marie-Madeleine étaient à mes yeux profondément amoureux. Plus tard, vers l'âge de dix ans, lorsque j'ai lu l'Ancien Testament, c'était encore plus grave, il n'était question que de sexe tout le temps ! Cela me semblait de véritables lectures cochonnes et je me souviens que je lisais cela les joues en feu et dans un état physique très critique !

— *Allez-vous à la messe, de temps en temps ?*

— Non, jamais.

— *Et par le passé ?*

— À New York, il m'est arrivé d'y aller toute seule. Je me souviens que j'allais prier pour ma mère, mon père et ma sœur en disant : « Dieu, tu sais, ils ne croient pas en toi, mais ils sont très gentils quand même et ils doivent aller au paradis ! » Mais ensuite, j'ai totalement cessé de croire en tout forme de liturgie.

— *Vous n'avez donc pas été éduquée par les bonnes sœurs, comme toute jeune fille de bonne famille… ?*

— Non, je suis désolée.

(*Rires.*)

— *Parler de Dieu, écrivez-vous, n'est pas un sujet de conversation. Mais il n'est pas interdit d'en parler...*

— Cela ne l'a déjà que trop été. Mais aujourd'hui, j'ai l'impression que c'est devenu le dernier moyen pour retrouver une certaine célébrité, pour se donner une raison d'exister aux yeux du public et des critiques. Des écrivains, des cinéastes, des chanteurs se servent de cet argument comme fonds de commerce. Cela me gêne beaucoup.

Ma propre attitude mystique est celle de la dernière proposition du *Tractatus* de Wittgenstein: «Ce dont on ne peut pas parler, il faut le taire.» Et je sais d'expérience qu'il est beaucoup plus difficile de s'en tenir au silence que de parler. C'est donc une manière plus ardue, plus noble et plus modeste de servir ce en quoi l'on croit. Surtout aujourd'hui. Imaginez un peu que je me mette à déclarer: «Je suis une grande mystique, je crois en Dieu.» Cela va se retrouver dans différentes manchettes de journaux ou de magazines, j'aurai peut-être deux cent mille lecteurs en plus pour cette raison. Je trouverais cela un peu lamentable.

— *Que pensez-vous de l'Église de Rome?*

— J'ai tellement d'admiration pour les gens qui croient réellement en Dieu. Que doivent-ils penser en étant dirigés par le pape? Je n'aimerais pas être à leur place.

— *Vous n'appréciez donc pas le magistère du pape Jean-Paul II ?*

— Condamner le port du préservatif dans les pays du tiers monde, surpeuplés et miséreux, c'est déjà du génocide… En tous les cas, je ne vois aucune raison d'aimer le pape, c'est clair.

Les gens qui vivent sincèrement leur foi sont admirables, mais le catholicisme bon teint, vécu et promu par une certaine droite, cela m'inspire plutôt du dégoût. J'y vois moins une affaire de foi qu'une affaire de conformisme et de haine. Ces gens qui défendent prétendument l'amour de Dieu sont les premiers à rejeter tout ce qui n'est pas comme eux, par exemple les homosexuels. Cela, je ne puis l'accepter.

«Je crois dans les anges visibles»

— *Le bouddhisme est au Japon l'une des principales religions, ou plutôt l'une des plus importantes philosophies spirituelles. En êtes-vous éprise ?*

— Le bouddhisme repose sur un principe qui me paraît sage, mais qui ne me plaît pas beaucoup : la cessation de tout désir. Les souffrances des êtres humains proviennent souvent de leurs désirs, mais comment cesser d'en avoir ? On ne vivrait plus. Par contre, les bouddhistes ont compris que le mal ne sera jamais vaincu. Cela ne sert même à rien de l'attaquer, le mal, il est invincible. Il faut donc l'utiliser, le garder et en faire autre chose.

— *«Son dos étroit m'apparaissait alors dans sa pâleur, avec des omoplates saillantes qui semblaient des ailes repliées», écrivez-vous dans* Les Catilinaires. *Croyez-vous aux anges?*

— Je crois dans les anges, disons… visibles. Il est clair qu'il existe des êtres qui nous sont bénéfiques, et d'autres maléfiques. Il y a des gens qu'il faut vraiment éviter, parce qu'à tous les coups ils vous font du mal. Pas nécessairement en le voulant. Et d'autres personnes qui, dès que vous les voyez, vous font du bien, et ce n'est pas plus intentionnel… Ces derniers sont des anges, c'est évident. Ils sont très rares, faut-il le préciser. Ils n'ont aucune des petitesses et des pesanteurs que l'on constate souvent chez autrui.

— *Avez-vous déjà fait du spiritisme, étant jeune?*

— Non. Oh, ceci dit, pourquoi pas?

— *Croyez-vous aux esprits, aux morts qui reviendraient nous faire des petits signes…?*

— Je n'ai aucune théorie sur rien. Ça ne me paraît pas impossible, mais je ne pourrais pas vous en parler, parce que…

— *Jamais peur dans le noir en entendant des bruits… ?*

— Bien sûr ! Je n'ai jamais cherché à les interpréter, mais je suis facilement terrifiée par les bruits dans le noir, en effet. Mais sans pour autant avoir une théorie de ce que cela pourrait être ou ne pas être. Nous rejoignons là cette notion du mystère…

— *La franc-maçonnerie vous intéresse-t-elle ?*

— Je veux bien croire qu'il y a des choses très belles dans la franc-maçonnerie, mais franchement, on ne me les a pas montrées ! Les trois quarts des professeurs de l'Université libre de Bruxelles où j'ai étudié sont francs-maçons, et j'ai cru percevoir dans cette réalité une sorte de machine à se pistonner les uns les autres.

— *On assiste aujourd'hui à l'émergence d'une multiplicité de sectes en tous genres. C'est fou, non ?*

— Oui, la dernière en date est très comique, d'ailleurs ! C'étaient des Californiens qui se sont tous mis des Nike aux pieds et se sont ensuite empoisonnés très proprement, dans l'espoir d'aller derrière la comète. C'était franchement hilarant.

— *Pauvres gens, quand même !*

— Mais non, ils avaient l'air très contents !

(*Rires.*)

6

Légèretés au quotidien

AMÉLIE NOTHOMB : Vous êtes sûr qu'il y a de l'encre dans le stylo ? Notez que cela fait très calligraphie de vieux maître, parce que plus il y a de blanc dans l'écriture, dû au manque d'encre dans le stylo, plus c'est distingué.

Nous sommes le 24 mars… Tiens, c'est justement la date anniversaire du jour où je m'étais mise avec ce garçon japonais…

*

MICHEL ROBERT : *Il paraîtrait que vous mangez de la nourriture pourrie…*

— C'est vrai.

— *Je croyais que vous alliez présenter ici un démenti…*

— Non ! Je mange des végétaux pourris lorsque je suis livrée à moi-même.

— *Des épinards pourris, par exemple ?*

— Non, surtout des fruits pourris, raisins pourris, bananes pourries…

— *Pourquoi ? Pour les vitamines ?*

— Non, seulement parce que je trouve ça délicieux. Cela n'a rien de si extraordinaire. Le vin, qu'est-ce que c'est ? De la pourriture. La choucroute, le roquefort, qu'est-ce que c'est ? De la pourriture.

« Tous les fruits ne sont pas meilleurs pourris »

— *Pourquoi, d'ordinaire, ne mangeons-nous pas une banane pourrie ?*

— Je me le demande, c'est tellement meilleur ! Une banane fraîche, je trouve cela fade et sans intérêt. Pourrie, elle détient un goût de rhum inimitable.

— *Et une pomme pourrie, celui d'un cidre formidable ?*

— Non, tous les fruits ne sont pas meilleurs pourris. Les poires pourries sont exquises, les pommes pourries, par contre, sont très mauvaises. Je suis intarissable sur ce sujet qui m'intéresse beaucoup.

— *Dans* Métaphysique des tubes, *on apprend que vous avez d'autres péchés mignons, dont l'*okonomiyaki.

— Le nirvana, c'est quand même de manger japonais. Les mets cités dans ce livre sont très difficiles à trouver dans les restaurants japonais à Paris. L'*okonomiyaki*, qui est un plat assez populaire, est une crêpe de chou au gingembre et aux crevettes. Il faut vraiment aller au Japon, et encore, pas dans n'importe quel établissement, pour en déguster.

— *Petite fille, votre maman vous interdisait de prendre du sucre. Pourquoi ?*

— Ma mère a toujours eu des sortes de théories sur l'ordre de l'univers, des théories passant régulièrement par l'alimentation et qui changeaient de façon périodique. Je me souviens très bien que, petite, c'était le sucre qui était l'ennemi. Je l'ai donc découvert tardivement, puisqu'il a fallu que ma grand-mère vienne de Belgique, avec son bâton de chocolat blanc, pour que je sache ce qu'était le sucre. J'ai tout de suite trouvé cela merveilleux. J'ignore si c'est un poison, mais si c'en est un, je dois être sacrément empoisonnée, parce que, c'est vrai, j'en ai pris pas mal !

— *Est-il vrai que vous avez inventé une recette, le cabillaud aux piments et au gingembre*[1] *?*

— Cette recette, en fait, existait déjà, mais avec du poulet. Ma nouveauté, c'est de remplacer la volaille par ce poisson. Je trouve cela bien meilleur, voilà. C'est une des rares choses non dégueulasses que j'aie inventées, c'est gentil à vous de le souligner !

— *En règle générale, êtes-vous bonne cuisinière ?*

— Non, il suffit que je touche un œuf pour qu'il devienne immangeable ! Pourtant, ce n'est pas la bonne volonté qui me manque... Une fois, j'avais passé la journée à cuisiner, je m'étais donné un mal de chien pour recevoir d'augustes amis à dîner. Et puis, lorsqu'ils sont arrivés le soir, rien n'était mangeable ! Ce fut la dernière fois que je tentai de mettre la main à la pâte.

---

1. Faire revenir une échalote avec du piment rouge très fort, frais (piment oiseau) et du gingembre frais en dés dans du beurre. Ajouter une boîte de tomates pelées, un décilitre de cognac et deux décilitres de crème fraîche. Faire mijoter. Dorer légèrement les filets de cabillaud. Mettre les filets dans un plat à four, napper avec la sauce (à préparer en quantité suffisante). Couvrir et cuire 20 minutes. Parsemer de menthe fraîche hachée juste avant de servir.

«J'aime bien la légèreté, vous savez...»

— *Vous écrivez dans* Péplum *que vous voulez rentrer chez vous pour arroser votre hibiscus... Aimez-vous particulièrement les plantes, ou était-ce juste une petite plaisanterie?*

— Les deux. J'adore les fleurs. Mais, d'autre part, pour ce qui est de ce passage dans *Péplum*, c'était en effet un clin d'œil humoristique!

En ce moment même, dans mon domicile secret, j'ai des fleurs dont je m'occupe beaucoup. Je me livre à une guerre sans merci contre les orties qui envahissent mon jardin.

— *Et la soupe aux orties, vous aimez?*

— C'est très bon, mais je serais incapable d'en faire!

— *Quelle est la fleur que vous préférez?*

— Il y en a énormément. J'ai peur d'être banale, mais si je devais en choisir une seule, ce serait le lys blanc.

— *Pourquoi ce choix? L'emblème royal...?*

— Oh non, pitié!

— *Nous avons parlé des animaux que vous aimiez ou détestiez lors de vos pérégrinations en Asie. Qu'en est-il des chiens et des chats?*

— Je n'en ai pas, mais j'adore et les chiens et les chats. Ce qui m'énerve particulièrement dans le milieu des êtres humains, c'est leur besoin maladif d'opposer les chiens aux chats. Je trouve cela ridicule. Dans la réalité, ils s'entendent en majorité très bien. J'adore l'aristocratie du chat, j'adore la loyauté du chien. De toute façon, la vulgarité n'existe pas chez les animaux. J'adore tous les animaux, sauf les carpes pour leur bouche, comme je vous l'expliquais.

J'ai eu une relation très forte avec un chien quand j'avais dix-sept ans. Je restais de longues heures couchée devant lui, je lui parlais mentalement et je suis sûre qu'il m'entendait. Il s'est trouvé que c'était un chien, mais je pense que si ç'avait été un chat, j'aurais fait la même chose…

— *Quelle est la saison que vous préférez ?*

— La fin de l'été. Il y a quelque chose de déchirant dans cette fin… Ce sont des moments où la présence de la mort ne se fait jamais autant sentir. Cette période est tellement lourde de vie, c'est la période la plus romantique de l'année ! Tout en affirmant cela, j'ai envie de dire : l'hiver, mais à la seule condition qu'il neige !

— *Permettez-moi d'évoquer votre tenue vestimentaire…*

— Pourquoi pas. J'aime bien la légèreté, vous savez !

— *Pourquoi mettez-vous des chapeaux ?*

— Je trouve cela beau.

(*Rires.*)

— Tous les goûts sont dans la nature. C'est de l'ordre de ma conception de l'élégance, et puis voilà…

— *Vous aimez bien le noir…*

— Oui, je trouve cela très seyant.

— *Mais vous semblez vous habiller rarement avec des vêtements de couleurs vives, comme le rouge, l'orange ou le jaune…*

— Cela ne me va pas très bien et cela n'exprime pas vraiment mon état d'esprit. Le noir convient bien à ce que je suis.

— *Vous regardez-vous souvent dans la glace ?*

— Je crois être d'une coquetterie modérée. Je le fais, mais pas trop. Pourquoi cette question ?

(*Rires.*)

— *En soirée, vous buvez ?*

— Jamais. J'ai été profondément alcoolique de l'âge de trois ans à quinze ans ! J'étais une enfant d'ambassade que personne ne surveillait, or les parents organisaient des réceptions continuellement. Midi et soir, cocktails. La maison était pleine de verres à moitié remplis de champagne. Les enfants adorent le champagne, et moi en particulier !

— *Vous ne fumez ni ne vous droguez ?*

— Je ne manque pas de vices, mais je n'ai pas ceux-là.

— *Dans* Mercure, *j'ai relevé ce dialogue sur le sommeil qui m'intrigue : « Donnez-moi des somnifères. – Jamais : je suis contre ces drogues. Bien dormir, c'est une question de volonté. » Est-ce votre conviction ?*

— Bernanos le prétend. Moi, je crois que cela ne doit pas être vrai. De la volonté, j'en ai, mais je n'ai pas de sommeil.

— *Vous dormez mal ?*

— Oh, c'est peu de le dire ! Je dors en moyenne deux heures par nuit. Mon problème n'est pas de savoir dormir, d'autant plus que j'ai besoin de très peu de sommeil. En réalité, ce sont les pensées que l'on traîne lorsqu'on ne dort pas qui, comme par hasard, sont toujours atroces. Et pour fuir ces pensées horribles, j'écris. C'est curieux, d'ailleurs, parce que lorsque je me lève pour prendre la plume, ce sur quoi j'écris n'est pas tellement différent de ces pensées qui me rendent malade. Autant ce que je pensais me faisait souffrir, autant, lorsque j'écris sur ces sujets, c'est la jubilation totale !

— *C'est une catharsis…*

— C'est, entre autres, une catharsis. C'est en tout cas une jubilation torrentielle. Et l'inspiration me vient sans aucun effort intellectuel. Si je réfléchis, c'est alors sur des questions de style, des questions de construction.

«J'aime beaucoup tout ce qui est physique»

— *Vous affirmez ne pas beaucoup vous promener, mais vous marchez souvent, vous prenez les transports en commun…*

— J'éprouve un profond bonheur physique dans la marche. Mais j'ai de moins en moins le temps d'user du plaisir gratuit de la promenade, que j'aime pourtant terriblement. J'adore surtout la marche en montagne. Si je bouge beaucoup aujourd'hui, c'est plus pour des raisons professionnelles que par pure envie. Je dois sans cesse aller à droite, à gauche…

— *À part la marche, pratiquez-vous un sport particulier?*

— J'aime beaucoup tout ce qui est physique. J'ai énormément d'énergie qu'il me faut dépenser et je m'y exerce avec plaisir. J'ai un corps et il est clair qu'il doit s'épanouir, se développer, vivre ! Mais le sport en tant que tel n'est pas le moyen que j'utilise habituellement. Disons seulement qu'en dehors de la marche je roule à vélo de temps en temps.

— *Si vous marchez beaucoup, c'est peut-être aussi parce que vous ne possédez pas de voiture. Je crois même que vous n'avez pas encore passé votre permis de conduire !*

— Je ne l'aurai jamais. Je vous disais avoir été victime de plusieurs accidents au début de notre entretien. Pour ce qui concerne l'automobile, ce furent deux accidents très graves, puisqu'à chaque fois tout le monde est mort autour de moi. Je sais que je ne conduirai jamais ! Et, comme je vous l'ai dit, je m'en passe très bien.

— *Ces accidents, c'était il y a longtemps ?*

— À dix-huit et dix-neuf ans.

— *Ces carambolages ont dû vous marquer…*

— Sûrement. Dans le deuxième accident, une femme de l'autre voiture a été décapitée. Je suis restée longtemps auprès du cadavre en attendant que les secours arrivent, au bord de l'autoroute. C'était chaque fois en janvier, il faisait froid. J'étais seule avec mes cadavres et c'était moi, dans les deux cas, qui avais dû marcher jusqu'au petit téléphone et appeler du secours…

— *Vous n'avez pas de voiture pour des raisons bien définies. Mais est-ce que vous vous entourez de machines, de gadgets ? Je pense à la vidéo, à l'ordinateur, au téléphone portable...*

— Pas du tout. Je n'ai pas d'ordinateur, je vis avec quelqu'un qui possède un lecteur vidéo et d'autres objets... Grâce à cela, mon domicile secret comporte des meubles et ressemble plus ou moins à un lieu d'habitation normal, et encore... Si je devais avoir un domicile rien qu'à moi, je crois qu'il n'y aurait rien dedans.

— *Rien que du papier...*

— Du papier...

— *Et une bibliothèque ?*

— Bien sûr.

Un film par jour

— *Je cite un passage des* Combustibles *:* « MARINA : *Danser toute seule et sans musique !* – LE PROFESSEUR : *Pourquoi pas ? Ce serait le comble de la chorégraphie minimaliste. On vous admirerait en Occident.* » *Vous pensiez là aux jeunes compagnies belges proches de ce genre minimaliste ?*

— Oh, je ne pensais à rien de très précis. C'était plutôt une boutade, mais la danse a beaucoup compté pour moi, comme je l'ai dit.

— *Restons dans le domaine de l'art au quotidien. Fréquentez-vous souvent les salles de cinéma ?*

— J'y passe ma vie ! Quand je suis arrivée en Europe à dix-sept ans, j'ai découvert un univers peu accueillant. Pour tout vous dire, je m'y suis sentie très mal. Pour m'évader de cette pénible réalité, j'allais au cinéma absolument tous les jours. Même en période d'examens ! J'allais tout voir.

— *Hormis le film japonais* Furyo *dont vous parlez dans* Stupeur et Tremblements, *quels sont les longs métrages qui vous tiennent à cœur ?*

— Il y en a que j'aime revoir avec beaucoup de plaisir, comme *Orlando*, de Sally Potter, une femme britannique que j'aime énormément. Sinon, j'aime tous les films de Stephen Frears, avec une préférence pour *Les Liaisons dangereuses*. J'ai adoré Peter Greenaway et je recommence à l'aimer. Je suis une folle de Hitchcock aussi ; je revois régulièrement tous ses films. Les premiers Polanski étaient vraiment très bien.

— *Et* Elephant Man *?*

— Il a certainement beaucoup compté pour le personnage d'Épiphane dans *Attentat*. Mais n'énumérons pas tous les films que j'ai visionnés, il y en a tant... J'adore le cinéma, c'est clair !

— *Venons-en dès lors aux adaptations cinématographiques de vos romans.*

— La première adaptation a été celle de mon premier roman, *Hygiène de l'assassin*, sortie sur les écrans parisiens au mois de février 1999. J'étais morte de rire en voyant ce film ! Cela frisait le ridicule. Le cinéaste était vraiment bon à la caméra, mais le scénario est une catastrophe. Il y avait d'excellents acteurs, là n'est pas la question, mais l'adaptation était si mauvaise, il n'y avait rien à faire !

— *N'aviez-vous pas un droit de regard sur son élaboration ?*

— J'avais lu le scénario avant que le film ne soit réalisé. Je n'ignorais pas qu'il était mauvais, je savais au-devant de quoi j'allais, mais en voyant le film, ma surprise fut que celui-ci était encore plus mauvais que je n'aurais cru ! La musique, par exemple, une espèce de gangsta rap sans rapport avec l'atmosphère, est hyper-envahissante et d'une laideur absolue.

— *Mais pourquoi n'avez-vous pas réagi ?*

— Une fois pour toutes, j'ai décidé que je ne me mêlais pas de tout cela. Exercer mon droit de regard ? Je n'ai déjà pas le temps de faire le quart de ce que j'ai à faire, alors je ne vais pas me mêler de choses qui sont loin d'être ma spécialité.

De toute façon, j'accepte très sereinement l'idée que l'on tire de mes livres des choses qui ne me plaisent pas. Mon livre existe, personne ne peut rien contre cela. D'autre part, je n'ai jamais cru à la possibilité de faire un bon film avec *Hygiène*. En revanche, je pense que *Les Catilinaires*, ce pourrait être très bien. Je crois qu'il est possible d'en tirer un bon film, un contrat a d'ailleurs été signé avec Pierre Granier-Deferre pour sa réalisation.

— Les Combustibles *ont également été donnés sur scène…*

— Oui, cette pièce a été jouée maintes fois en Belgique, et il y a toujours une ville en France ou ailleurs qui est en train de la monter…

«J'adore la musique»

— *Vous disiez aimer les films de Peter Greenaway. Les créations musicales de Michael Nyman les accompagnent souvent. Vous aimez ?*

— Oh, j'adore ! Oui, oui !

— *Wim Mertens aussi, alors ?*

— Oui, je suis folle de cela. Ce que j'aime, c'est le côté néogothique, néobaroque de cette musique. On ressent également l'influence de Händel ou encore de Purcell.

— *Lors d'un débat, vous avez assuré aimer la musique plus que tout. Pensiez-vous à la musicalité du langage, ou à la musique en tant que telle ?*

— À la musique en tant que telle. Le langage est en effet, dans le meilleur des cas, capable de musicalité, mais cette musicalité est bien peu de chose par rapport à un opéra de Purcell ou une composition de Schubert. Il n'y a rien qui produise autant d'effet sur un corps et une âme tout entière, sur un être humain tout entier que la musique. Même le livre le plus magnifique ne produira pas d'effet aussi universel que la musique. J'écris des livres parce que je ne suis pas capable d'écrire de la musique.

— *Allez-vous à l'opéra ?*

— J'en écoute surtout. J'adore les opéras de Mozart et ceux de Purcell, sans oublier l'opéra japonais qui fut très présent dans mon enfance. Outre ses fonctions de diplomate, mon père est en effet chanteur d'opéra médiéval japonais.

Last but not least, certains de mes livres eux-mêmes ont été adaptés à l'opéra. Ce fut d'abord le cas pour *Hygiène de l'assassin*, qui fut présenté durant l'année académique 1995-96, tant à Bruxelles qu'à Lille. Cela a continué avec *Le Sabotage amoureux*, et dernièrement avec *Les Combustibles*.

— *C'est Daniel Schell qui a signé ces trois opéras. Il a affirmé que votre style « allégorique, poétique, incisif, dramatique » le portait littéralement vers la musique.*

— Pourquoi pas ? C'est sa vision, elle m'enchante. Moi, je ne suis pas là pour dire que les gens ont tort ou raison, je juge d'après ce que l'on en tire. Son opéra pour *Hygiène de l'assassin* est une adaptation magnifique.

— *Avez-vous déjà assisté à des concerts de pop ?*

— Oui, j'adore cela ! J'adore la musique dans toutes sortes de registres. Le rock, bien sûr, mais aussi d'autres choses extrêmement contemporaines dont je raffole. Le groupe Garbage, par exemple, est absolument formidable. Il y a un autre groupe en ce moment, les Chemical Brothers, dont le premier tube me paraît excellent, le deuxième beaucoup moins. J'apprécie également certaines bandes originales de films, comme celle du dernier David Lynch, *Lost Highway*, qui est excellente.

— *C'est fou, j'aurais cru qu'assister à des concerts de rock n'était pas votre truc !*

— Oh, je ne peux pas vous dire que j'en aie fait beaucoup, mais j'ai de beaux souvenirs... J'avais rencontré un petit groupe pas connu du tout de trois rockeuses. J'adorais ce qu'elles faisaient, mais elles chantaient en yaourt : n'ayant pas de paroles, elles chantaient en faux anglais. Elles cherchaient donc quelqu'un pour transformer leur yaourt en français. Cela m'a tellement inspirée que je leur ai proposé quelques textes. Ce groupe n'existe plus, mais une de ses chanteuses s'est lancée en solo.

— *Comment s'appelle-t-elle ?*

— RoBERT. C'est vraiment une amie, je l'admire. L'édition est un milieu de requins, mais celui de la chanson est dix mille fois pire ! Plus les sommes mises en jeu sont grandes, plus le milieu est dégueulasse. C'est le cas de la musique. Et RoBERT s'accroche à fond, elle mérite de réussir. Elle a quelque chose, cette fille ! Je lui ai écrit plusieurs chansons, mais bon, c'est d'abord une histoire d'amitié.

— *Serait-ce une nouvelle Barbara ?*

— Non, comment vous expliquer… Connaissez-vous le groupe Fighting Head ?

— *Je suis pas très bon pour les noms…*

— RoBERT a un peu ce ton-là, c'est à mi-chemin entre le hip-hop et la musique baroque. C'est très étrange. C'est une fille que j'aime vraiment beaucoup, qui est très spéciale, très touchante. J'admire son acharnement. Une décennie qu'elle s'obstine ! Elle fait régulièrement des concerts. J'ai écrit une chanson pour son deuxième CD, et cinq pour les prochains.

En fait, elle a bien compris, elle n'est pas folle. Comme je suis un argument de vente, elle ne mettra pas toutes mes chansons sur un même album.

C'est en 1999, lorsque *Stupeur et Tremblements* fut la meilleure vente en France pendant quatre mois, que les maisons de disques l'ont appelée. Du coup, son deuxième CD a été publié.

— *Vous êtes donc un instrument de vente…*

— C'est triste, mais c'est ainsi.

— *Cela ne vous dérange pas plus ?*

— Plutôt que de me lamenter sur le fait que mon public ne soit pas composé que de belles âmes, ce dont j'aurais pu me douter par ailleurs, eh bien ! mettons cela à profit pour des gens qui le méritent.

*

Nous sommes attablés à la terrasse d'un café. Tout à coup, un vent fort s'abat sur notre table, mes feuilles s'envolent… Je mets un terme à l'entretien et Amélie dit :

— C'est une belle fin que ce vent…

BIBLIOGRAPHIE

ŒUVRES D'AMÉLIE NOTHOMB
(éditions Albin Michel)

Les Prénoms épicènes, roman, 2018.
Frappe-toi le cœur, roman, 2017.
Riquet à la houppe, roman, 2016.
Le Crime du comte Neville, roman, 2015.
Pétronille, roman, 2014.
La Nostalgie heureuse, roman, 2013.
Barbe bleue, roman, 2012.
Tuer le père, roman, 2011.
Une forme de vie, roman, 2010.
Le Voyage d'hiver, roman, 2009.
Le Fait du prince, roman, 2008 (grand prix Jean-Giono).
Ni d'Ève ni d'Adam, roman, 2007 (prix de Flore).
Journal d'Hirondelle, roman, 2006.
Acide sulfurique, roman, 2005.

Biographie de la faim, roman, 2004.
Antéchrista, roman, 2003.
Robert des noms propres, roman, 2002.
Cosmétique de l'ennemi, roman, 2001.
Métaphysique des tubes, roman, 2000.
Stupeur et Tremblements, roman, 1999 (grand prix du roman de l'Académie française ; prix des libraires du Québec).
Mercure, roman, 1998.
Attentat, roman, 1997.
Péplum, roman, 1996.
Les Catilinaires, roman, 1995.
Les Combustibles, théâtre, 1994.
Le Sabotage amoureux, roman, 1993 (prix de la Vocation ; prix Jacques-Chardonne).
Hygiène de l'assassin, roman, 1992 (prix René-Fallet ; prix Alain-Fournier).

ŒUVRES DE MICHEL ROBERT

Béjart. Si Dieu le veut, Racine, 2011.
Maurice Béjart, une vie, La Renaissance du livre, 2008.
Le Manifeste du siècle, éditions Le Typographe/éditions du Cygne, 2008.
Ainsi danse Zarathoustra, entretiens avec Maurice Béjart, Actes Sud, 2006.
Errances bruxelloises, éditions du Cygne, 2004.

Pascal de Duve. Lettres à un ami disparu, préface d'Amélie Nothomb, La Renaissance du livre, 2001.

Conversations avec Maurice Béjart, La Renaissance du livre, 2000.

La Voie d'Alix, entretiens avec Jacques Martin, Dargaud, 1999.

La Belgique dans tous ses états, Fondation belge, 1994.

Tant qu'il y aura des Belges, Belmédia, 1992.

Table

Cet ouvrage a été composé
Par Soft Office (à Eybens)

Impression réalisée par
CPI France
en juillet 2018
pour le compte des Éditions de l'Archipel
département éditorial
de la S.A.S. Écriture-Communication.

Imprimé en France
N° d'impression : 3029535
Dépôt légal : août 2018